REINHOLD MESSNER

MEINE ALPEN

„Nicht wie die Welt ist,
ist das Mystische,
sondern dass sie ist."

Ludwig Wittgenstein

REINHOLD MESSNER

Meine Alpen

Geschichte · Gefährdung · Visionen

Fotografie
Christjan Ladurner
Georg Tappeiner

blv

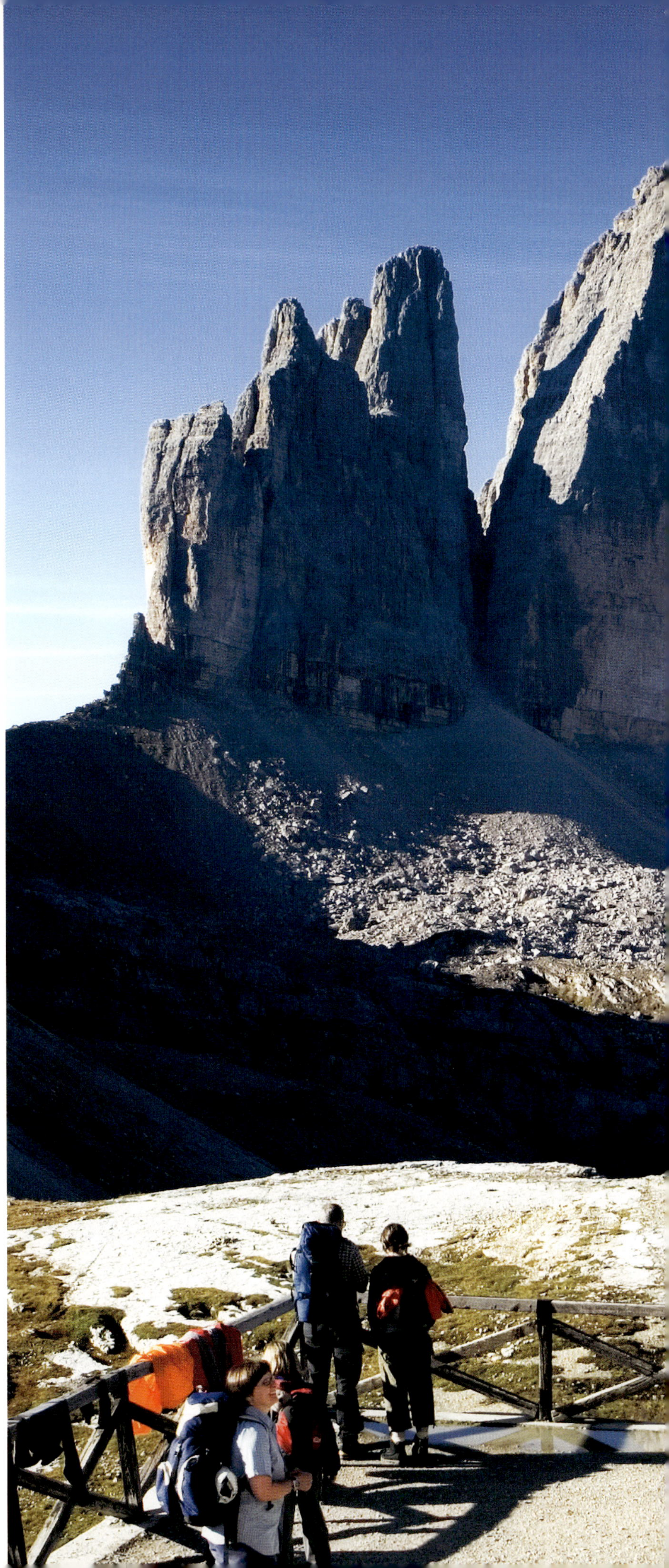

< Das Matterhorn, Symbolberg der Alpen.

<< Weißhorn, Walliser Alpen.

<<< Die Drei Zinnen, Dolomiten.

SPRECHEN ÜBER DIE BERGE

Wenn heute über die Alpen nachgedacht, gesprochen und geschrieben wird, ist weniger von den Menschen, die dort leben, die Rede als vielmehr von einem Gebirge mitten in Europa, das als Erholungsraum, Wasserschloss, Wohnraum oder Wildnis nutzbar erscheint. Es geht dabei um Flächen, auch Ressourcen, Effizienz, Energie und eine Natur, die sich dem Menschen entzieht. Diese Natur aber, die als besseres Gegenüber des Menschen missverstanden wird, die erhabene Bergwelt vor allem, ist nichts als eine Wunschvorstellung. Es gibt sie so weder als unendliche Ressource noch als idyllische Gegenwelt zu jener Welt, in der sich die allermeisten Europäer eingerichtet haben. In ihrer Kultur, in der Natur und Menschenwerk verschwimmen, ist Umwelt zum politischen Prozess geworden – Klimawandel, ökologischer Kollaps, Artensterben inklusive. Mit gesteuertem Konsumverhalten, effizienterer Technik – Sonnenenergie zum Beispiel – will diese Politik auch ein nachhaltiges Verhältnis Mensch-Natur fordern und fördern, ohne zu wissen, dass die Bergbewohner seit jeher nachhaltig gehandelt haben.

Nun, auch die Alpen tragen die Handschrift des Menschen. Die Natur dort ist den menschlichen Sinnen weniger entzogen als wir denken, und je höher wir steigen um so mehr erfahren wir über uns selbst. Wo Naturkatastrophen natürlich und Gefahren sichtbar, hörbar und greifbar geblieben sind, steckt das Erkenntnispotential, dass die Natur auch den Menschen in sich birgt. Hier schlüsselt sich uns, Schritt für Schritt, nicht nur die Menschennatur auf, sondern auch der Zusammenhang zwischen dem Verursacher und den Betroffenen. Sie sind ein und dieselben. Zur Kunst des Überlebens im alpinen Raum gehört zuallererst die Einsicht, dass die Fehler immer nur der Mensch macht.

> „Der beste Schutz des Alpenraumes besteht in der nachhaltigen Nutzung der alpinen Kulturlandschaft."
>
> *Reinhold Messner*

Alle reden heute vom Niedergang der Alpen. Niemand spricht mehr über die Berge. Das ist ein Fehler. Denn die Kunst des Lebens und Überlebens in den Bergen ist ein wertvolles Erbe, das uns anweist, wie wir in den Alpen überleben und bleiben können. Mehr noch: die Vorstellung von Natur und Leben, die in uns allen steckt, wird in der Bergwelt, wenn wir uns ihr ausliefern, auf die Realität hin zurechtgerückt. Immer wieder neu.

1

WIR BERGBAUERNKINDER

Albert Frederick Mummery

„Wir trafen die schöne Almerin beim Schweinefüttern. Sie brachte uns Milch, die von ausgezeichneter Güte war, mir aber besser geschmeckt hätte, wenn nicht Anzeichen ihrer vorherigen Beschäftigung in Form verschiedenster Bröseln und Brocken darin herumgeschwommen wären."

„Der beste Weg, die Zukunft vorauszusagen, ist, sie zu gestalten."

Alan Kay

FRAGILE EXISTENZ

Als ich nach dem Zweiten Weltkrieg in einem Bergbauerntal in Südtirol aufwuchs, waren die Familie, das Dorf und der Hof wichtiger als der einzelne Mensch. Alle waren in diese Strukturen eingebunden und alle identifizierten sich mit ihrem Tal, ihrer Gemeinde, ihren Höfen.

Diese Höfe wurden vom Vater auf den ältesten Sohn vererbt, der so hieß wie sein Vater, als Bauer aber mit dem jeweiligen Hofnamen angesprochen wurde. Man gehörte also zu einem Hof oder zu einer Familie und zusammen waren wir die Villnösser, die das Tal mit Leben füllten. Diejenigen, die tiefer drinnen im Tal lebten, nannte man die „Berger", wir waren die „Pitzacker".

Die allermeisten Bauern waren nahezu autark, Dienstleistungen wurden in Naturalien bezahlt und der Informationsaustausch fand am Sonntag am Kirchplatz statt. Diese bäuerliche Gesellschaft war in der Lage, fast alles Lebensnotwendige selbst herzustellen, die Hofstellen wurden in gemeinschaftlicher Nachbarschaftshilfe saniert oder wenn notwendig wieder aufgebaut, bei Unwettern oder Feuer stand zuerst die Dorffeuerwehr und dann die Dorfgemeinschaft am Wildbach oder am Brandherd im Einsatz.

Die Lebenshaltung hieß: Den Gefahren der Natur kann man nur gemeinsam entgegentreten und das Wissen der Alten ist heilig. Galt es doch die bäuerliche Existenz in einer fragilen Welt für immer zu erhalten.

< Das Matterhorn in den Walliser Alpen.

< Im Tisental unterhalb der Similaunhütte.

Nicht erst seit Ötzis Zeiten werden die Schafe aus dem Schnalstal den Sommer über auf die Weiden jenseits der Wasserscheide gebracht. >

„Die gleichen Pflanzen sind in den Bergen wohlriechender und auch als Heilmittel wirksamer als in der Ebene."

Konrad Gesner, 1555

ERSTE NUTZUNGSFORMEN

Der Mensch nutzte die Alpen zuerst nur in Teilbereichen. Als Jäger und Sammler durchstreifte er Bergkämme und Hochtäler. Höher als die Vegetationsgrenze reicht, stieg er dabei nicht. Von Süden her trieb er später sein Vieh bis über die Waldgrenze, wo große freie Weideflächen im Sommer nutzbar sind. Im Herbst – die hochalpinen Zonen waren im Winter unbewohnbar – kehrte er mit seinen Herden in den mediterranen Alpenvorraum zurück.

Diese Wanderhirten – zur Zeit der Transhumanz die bestimmenden Kulturträger in den Alpen – werden später abgelöst von einer Bauerngesellschaft, die in den Alpen sesshaft wird und jene Kulturlandschaft schafft, die heute noch das Landschaftsbild bis knapp über der Waldgrenze prägt.

Diese erste Bergbauernkultur nun ist auf Sicherung der eigenen Existenz aus, was nur im Familienverband und im Rahmen der Dorfgemeinschaft möglich ist. Individualität zählt wenig und Mobilität ist in einer Selbstversorgerwelt nicht wichtig. Ein nachhaltiger Umgang mit der Natur, so wie die Weitergabe des Wissens gehört darum zur Basis dieser autarken Lebensform. Diese trägt, verzahnt mit dem Tourismus, bis heute.

WINTER-, SOMMER- UND ALMSIEDLUNG

Zu Ötzis Zeiten, dürfen wir uns vorstellen, zogen die verschiedenen Sippen im Frühling langsam bergwärts; sie lebten zeitweise in Sommersiedlungen, nutzten die Almflächen über der Waldgrenze als Weide für ihr Vieh und kehrten im Herbst in die Wintersiedlung in Talnähe zurück, wo sie Getreide und Früchte einbrachten und für den Winter horteten. Mit dieser Mischung aus Transhumanz und Selbstversorgerlandwirtschaft ist im Laufe von Jahrtausenden eine Kultur entstanden, die das Bild der Alpen und das Leben der Älpler prägt.

Inzwischen aber haben sich die Wirtschaftsbedingungen in den Alpen grundlegend geändert. Auch in den Tallagen ist Getreidebau nicht mehr rentabel. Monokulturen, Industrie- und Dienstleistungsbetriebe haben sich herausgebildet. Die Viehwirtschaft oben am Berg wird intensiv und zum Teil sogar industriell betrieben, nur die Weidewirtschaft oberhalb der Waldgrenze ist geblieben, was sie immer schon war: Sommerfrische für die Tiere.

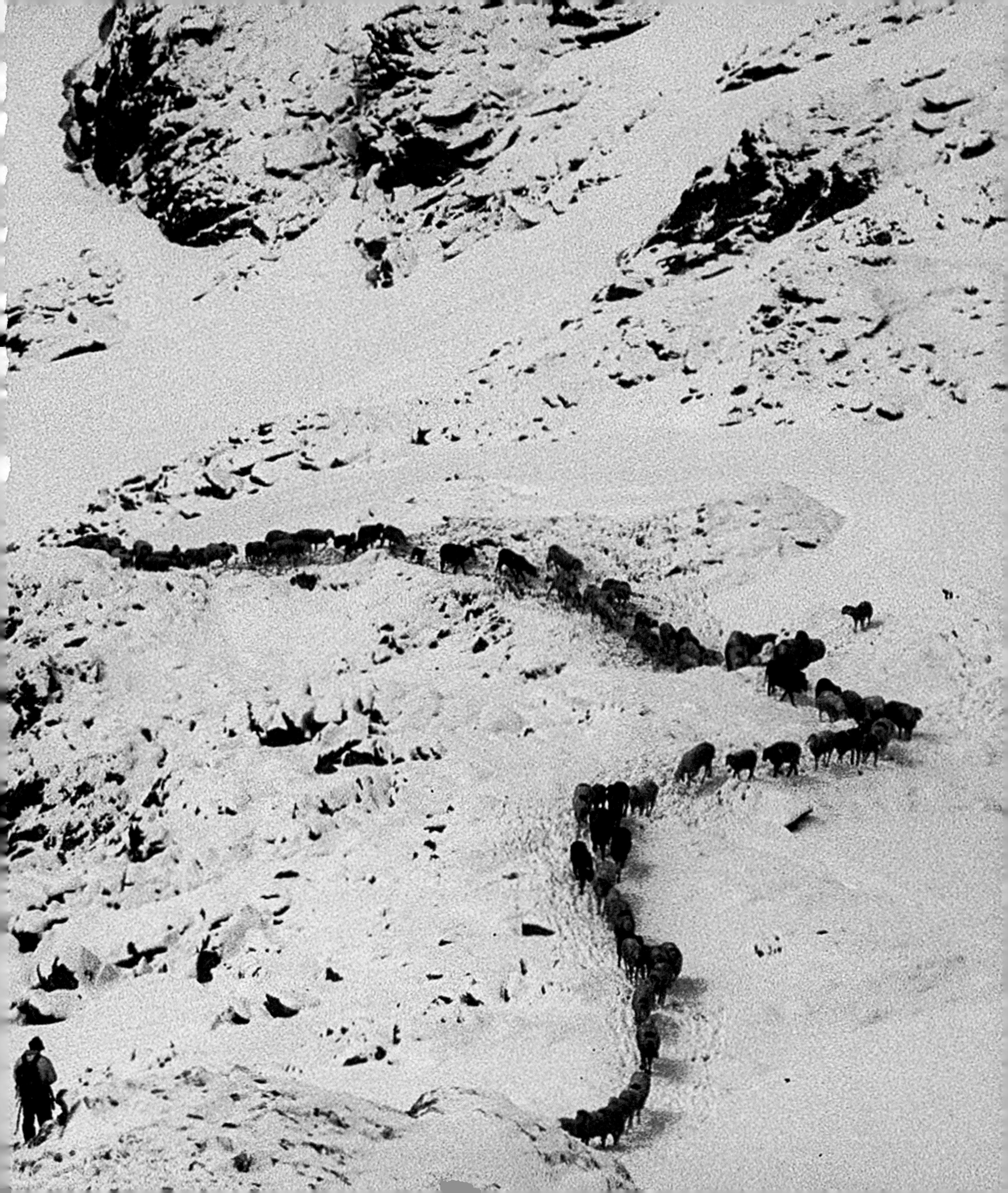

„Die Kraft deines Körpers kommt aus den Kräften der Kräuter."

Shin-nong, chin. Kaiser und Arzt, 3700 v. Chr.

< Schafauftrieb über den Schnalser Gletscher nach Vent.

Schäfer und gekennzeichnete Schafe am Übergang zum Ötztal.

Blick übers Taschljöchl ins Vinschgau. >

Auch wenn sich alte und neue Zäune heute kreuzen, in ihrem Minimalismus liegt eine Aussage die Zukunft betreffend: die Nutzung lokaler Ressourcen.

Die Kulturlandschaft in den Bergen entstand im Laufe von Jahrtausenden. Sonne und Schatten, Mulden und Kanten bestimmen die Nutzung.

„Weil die Alpen seit der Römerzeit mitten zwischen den bedeutendsten europäischen Wirtschafts- und Kulturzentren liegen, entwickeln die städtischen Hochkulturen ihre Vorstellungen und Bilder von Natur, Umwelt, Land und Peripherie sehr oft in der Auseinandersetzung mit diesem außergewöhnlichen Hochgebirge, das sie als radikale Gegenwelt zur Stadt besonders intensiv wahrnehmen."

Werner Bätzing, „Die Alpen", 2003

Prof. Werner Bätzing
Geograph

Der Alpenforscher Werner Bätzing

Wenn die Alpen zu retten sind, werden es einzelne Persönlichkeiten sein, die es tun. Einer dieser Einzelkämpfer ist Werner Bätzing. Obwohl Professor für Kulturgeographie an der Universität Nürnberg-Erlangen und damit viel mit seinen Studenten unterwegs, bemüht er sich seit Jahrzehnten um jenen Teil der Alpen, der völlig zu entvölkern droht: die Seealpen im Piemont. Seit Jahren propagiert er den Weitwanderweg GTA, berät die letzten Almbauern dort, unterstützt kleine Gastbetriebe, wenn sie im Rahmen des „Agriturismo" lokale Produkte nach heimischen Rezepten auf Speisezettel schreiben. Er erforscht die Geschichte kleiner verlassener Weiler, lobt die Ausdauer der letzten verbliebenen Bauern und steigt mit ihnen hinauf bis weit über die Waldgrenze, wo Mensch und Tier seit jeher das Überleben mit äußerster Vorsicht erprobten. Hier, am schmalen Saum zwischen Kultur- und Naturlandschaft, hat der Alpenforscher und Wanderer Bätzing sein ideales Habitat gefunden: eine Zone der Erkenntnis, wo ihm klar geworden ist, dass die alpine Kultur zwar verschwinden wird, nicht aber vergessen werden darf. Warum er trotzdem versucht, den Untergang aufzuhalten, indem er neue Entwicklungen anstößt, Anreize für Rücksiedler schafft, Bücher schreibt? Weil er weiß, wie groß die Verluste sind, wenn alle Erfahrung verloren geht. Nicht die Verwitterung und nicht das Klima bedeuten das Ende der Alpen, es ist der Verlust jener Kultur, die als nachhaltige Überlebensstrategie in den Alpen entstanden ist. So wie Bätzing alte Flurkarten entschlüsselt, die niemand mehr lesen kann, erkennt er hoch oben zwischen Berg und Tal jenen Wert, der nicht verspielt werden darf: Die Kunst in den Bergen autark zu überleben.

< Hier, auf Cisles, habe ich als Kind die andere Seite der Geislerspitzen erlebt.

Nur drei Monate lang ist die Sonnenweide in den Dolomiten nutzbar.

Blick von der Puez-Hochfläche auf die Fermeda-Türme in der Geislergruppe (Dolomiten). Rechts die Mittagsscharte. >

„Natur! Wir sind von ihr umgeben und umschlungen – unvermögend aus ihr herauszutreten, und unvermögend tiefer in sie hineinzukommen. Ungebeten und ungewarnt nimmt sie uns in den Kreislauf ihres Tanzes auf und treibt sich mit uns fort, bis wir ermüdet sind und ihrem Arme entfallen."

Johann Wolfgang von Goethe

ENTSTEHEN UND VERSCHWINDEN

Die Entstehung der Alpen, ein 1200 Kilometer langer und bis zu 300 Kilometer breiter Gebirgszug, beginnt im Wasser. Im Erdzeitalter Trias, vor 250 Millionen Jahren, türmen sich nach Absenkung der Erdkruste Ablagerungen am Meeresboden. 150 Millionen Jahre lang bleibt dort, wo heute die Alpen aufragen, Wasser. Sedimente entstehen.
Vor 30 bis 35 Millionen Jahren schiebt sich die mächtige afrikanische Kontinentalplatte nach Norden und die europäische Platte wird gestaucht, gehoben und zu einem Gebirge aufgefaltet. Vulkanische Schichten, kristalline Gesteine, Dolomite, Muschelkalke – vielfach ineinander verzahnt – kommen nach oben. Gleichzeitig beginnt die Verwitterung: Erosion durch Frost und Wasser, die Gletscher in den Eiszeiten, die mächtige Moränen vor sich herschieben, Permafrost, der entsteht und schwindet, und die Vegetation verändern das Bild der Alpen seit damals fortwährend. Vor 100.000 Jahren beginnt der Mensch die Alpen zu besiedeln und ihr Bild wandelt sich weiter. Bis die Berge wieder zerbröseln und als Erdreich und Sand zurück ins Meer gespült werden. In diesen Zeitdimensionen können wir nicht denken oder fühlen, nur rechnen und diese Tatsachen respektierend leben.

„Früher war auch die Zukunft viel besser.“

Karl Valentin

„Aufklärung ist der Ausgang des Menschen aus seiner selbstverschuldeten Unmündigkeit. Unmündigkeit ist das Unvermögen, sich seines Verstandes ohne Leitung eines anderen zu bedienen.“

Immanuel Kant, 1784

< Blick vom Monte Rite in den Dolomiten zum Monte Pelmo.

Fundplatz des Ötzi mit dem Similaun in den Ötztalern.

St. Magdalena in Villnöß mit den Geislerspitzen.

Typische alpine Kulturlandschaft in Südtirol. >

Der Mensch erst gibt den Bergen Geschichte und Zukunft. >

BÄUERLICHES KNOW-HOW SCHWINDET

Als ich im Villnößtal in Südtirol in die Volksschule ging, habe ich miterlebt wie im Frühling abgerutschte Erde an steilen Äckern wieder hochgekarrt wurde. Sonst war Ackerbau bei uns auf Dauer nicht möglich. Bald danach ist dieser Ackerbau endgültig aufgegeben worden. Aus wirtschaftlichen Gründen. Der Selbstversorgerlandwirtschaft folgte am Berg die Vieh- und Milchwirtschaft. In tieferen Lagen wurde der Weinbau intensiviert und in Tallagen auf Obstbau umgestellt. Mehr und mehr Maschinen waren notwendig, um – ohne Dienstboten jetzt – die Höfe weiter bewirtschaften zu können.

Maschinen erleichtern jetzt zwar die Arbeit, können auf Berghöfen aber aus den landwirtschaftlichen Erträgen nicht finanziert werden. Deshalb sind viele unserer Bauern Nebenerwerbs- oder Hobbybauern geworden. Mit einem zweiten Einkommen, der Rente der Eltern und Subventionen sichern sie den Fortbestand ihrer Höfe. Noch ist das bäuerliche Wissen in den Alpentälern nicht verloren gegangen, die Sorge, dass es schwindet und zuletzt verschwindet, allerdings ist groß.

„Jene Heimat, aus der wir nicht vertrieben worden sind, weil wir sie erst noch erreichen müssen: Heimat, die sich erst bildet."

Ernst Bloch

Die glasüberdachte Ruine (Nordtrakt) von Juval vor dem Nörderberg.

Wasserspeicher (Tschött) am Vinschger Sonnenberg. Ohne Bewässerung ist Landwirtschaft hier nicht möglich. >

„Vesuv ist überall, wo du verweilst. Du fürchtest Einsturz und bringst selbst Gefahr.“

Giambattista Basile

HEIMAT ALS VERANTWORTUNG

Die alpine Kulturlandschaft, ein äußerst labiles Ökosystem, wird – soweit bearbeitet – vom Menschen gleichzeitig stabilisiert. Eine Bergwiese, die wenigstens einmal im Jahr gemäht wird, bleibt als Bergwiese ertragreich. Die Mahd ist gleichzeitig eine einfache Form von Landschaftspflege. Denn diese Bewirtschaftungsform erhält auch die Vegetationsdecke – artenreich, durchlässig und dicht. Nachhaltige Naturnutzung ist also Teil der Bergkultur und auch die Basis für das unverwechselbare Landschaftsbild in den Alpen.

Es ist diese Wechselwirkung, die allerorten spezifisch ausgebildete Überlebensformen entstehen ließ, die dem Kenner das Wirtschaften unserer Vorfahren, Fehlentwicklungen und Potentiale für die Zukunft erkennen lassen.

Hofstelle und Felder, Wald und Berge sind auch Teil der lokalen Identität geworden und sie werden bei uns in Südtirol zum Beispiel als jener Teil der Heimat verstanden, der nicht aufgegeben werden darf. Zu dieser Heimat gehören soziale Bindungen, Traditionen und vor allem der Freiraum, das Leben am eigenen Hof zu gestalten. Im eigenen Tal ist das Wirtschaften vor Ort, der Umgang mit der Natur und den anderen Talbewohnern sowie die in die Zukunft gerichtete Eigenverantwortung Heimat, und all die professionellen Heimatschützer, die nur das große Wort führen, aber keine Verantwortung tragen, stören den Dorffrieden.

„Die Landschaft spiegelt sich, vermenschlicht sich, denkt sich in mir.“

Paul Cézanne

„Wir übernachteten in einem Heugaden im Eigental bei einem sehr freundlichen und gastfreien Hirten, der uns mit verschiedenen Milchspeisen erquickte.“

Konrad Gesner, 1555

< Steinadler und Steinbock sind Symboltiere der Alpen. Ihre Zahl hat in den vergangenen Jahrzehnten zugenommen.

Der Glärnischstock in den Glarner Alpen mit verschneiten Hochweiden und Bauernhöfen darunter.

Altes Bewässerungssystem (Kandln) im Vinschgau, Südtirol. >

2

GEHEIMNISVOLLER GIPFEL

Geoffrey Winthrop Young

„Es gibt Gegenden, in denen man sich so völlig in die Urtümlichkeit einer Mondlandschaft versetzt glaubt wie das Glacis de Grépon, dieses Chaos roter, gelber und aschgrauer, verwaschener und in gewaltiger Unregelmäßigkeit geneigter Platten."

VUE DE LA CHAINE DU MO

Dess. d'après nature par Ch. Weibel à Chamounix

1. Rochers de la Croix de Fer.
2. Col de Balme.
3. Source de l'Arve.
4. Aiguille Rouge.
5. Châlets de Charamillon.
6. Glacier et Village du Tour.
7. Glacier et Village d'Argentière.
8. Aiguille du Tour.
9. Aiguille d'Argentière.
10. Aiguille du Chardonnet.

11. Aiguille du Bochard.
12. Aiguille verte.
13. Aiguille du Dru.
14. Glacier de la Pendant.
15. Glacier du Nant-Blanc.
16. Le Chapeau.
17. Hameau du Lavanché.
18. Aiguille du Moine.
19. Les Petites Jorasses.

20. Les Grandes Jorasses.
21. Le Mont Mallet.
22. Les Périades.
23. Le Tacul.
24. La Mer de Glace.
25. Le Montanvert.
26. Rochers des Motets.
27. Sentier de la Filia.
28. Source de l'Arveiron.

29. Hame
30. Hame
31. Aigui
32. Aigui
33. Senti
34. Pavill
35. Aigui
36. Glaci
37. Châle
38. Aigui

Verlag v. Chr Krüsi in Basel.

ARRIVEE AUX GRANDS MULETS. ASCENSION DU MONTBLANC

Ankunft auf den Grand Mulet Ersteigung des Montblanc.

DIE ALPEN ALS GEFAHRENRAUM

< Das Tal von Chamonix.

Aiguilles de Chamonix.

Heute wird das Bergsteigen weltweit Alpinismus genannt. Mit der ersten Besteigung des Mont Blanc 1786 beginnt der moderne Alpinismus. Bücher, Zeichnungen, Drucke verbreiten das Wissen über das Hochgebirge Alpen. (Folgende Innenseiten) >

Erst am Ende des 18. Jahrhunderts sind die Alpen als Landschaft entdeckt worden. Vorher waren sie Lebensraum für die Bergbewohner und ein gefährliches Hindernis für all jene, die vom mediterranen Raum nach Mitteleuropa oder in umgekehrte Richtung reisen wollten. Als Hannibal die Alpen überquert hatte, war sein Heer geschwächt, denn er hatte dort mehr Streitkräfte verloren als beim Kampf gegen die Römer noch zur Verfügung standen.
Vereinzelt in der Renaissance und vermehrt mit der Romantik entdeckten dann die Städter die Alpen als schaurig-schöne Landschaft. Das Gefahren-Bewusstsein bei den neugierigen Forschern, die zuerst aus der Schweiz und England kamen, wo mit der beginnenden Industrialisierung ein Ausgleich zur arbeitsteiligen Gesellschaft gefunden werden musste, war allerdings ein ganz anderes als jenes der Alpenbewohner, die seit jeher im Gebirge lebten. Die einen suchten den Gefahrenraum über der Vegetationszone – Gletschertore, Felskare, Gipfel – aus Neugierde auf, die anderen mieden ihn. Ihr Leben im Gebirge war so schon hart genug und einen Ausgleich brauchten sie nicht. Ihr Leben als Selbstversorger war streng geregelt und eng mit der Natur verbunden.

BLANC DEPUIS LA FLÉGÈRE

Paris

lith par Muller

r des Bois
s
neaux
r du Grépon
nvert
ix de Flégère
ere
tillons
ère

39 Glacier des Pèlerins
40 Châlets sur le Rocher
41 Le Plan de l'Aiguille
42 Confluent de l'Arve et de l'Arveiron
43 Village des Praz
44 Le Bourg de Chamonix
45 Glacier des Bossons
46 Châlet de la Para
47 Montagne de la Côte

48 Rochers des Grands-Mulets
49 Le Grand Plateau
50 Les Rochers-Rouges
51 Mont-Blanc du Tacul
52 Le Mont-Maudit
53 Route du Mont-Blanc
54 Sommet du Mont-Blanc
55 Le Dôme du Goûté
56 Aiguille de Bionnassay

57 Aiguille du Goûté
58 Glacier de Taconnay
59 Glacier de la Griaz
60 Pierre-Ronde
61 Aiguille du Tricot
62 Aiguille du Miage
63 Le Mont Joli
64 Le Mont Lacha
65 Pavillon de Bellevue
66 Chaine du Brèven

ERSTE ALPENBEGEISTERUNG

Die erste Alpenbegeisterung kommt von außen. Mit den ersten Gelehrten, Forschern und Künstlern kommen auch die Eroberer ins Gebirge. Mit Seil und Pickel suchen sie nach Ausgleich in der Natur. Parallel mit den Industriestädten Europas wächst so die Zahl der Touristen, die aus außeralpinen Städten in die Alpen kommen. Immer tiefer hinein ins Gebirge, immer höher hinauf auf die Gipfel ist ihr Motto.

Die Älpler selbst, als Selbstversorger mit dem Erhalt ihrer Lebensgrundlage beschäftigt, begegnen den „Freunden" aus den Industriestädten zuerst kopfschüttelnd. Oberhalb der Almen haben sie vielleicht Gämsen gejagt oder Schneehühner, als Ausgleich zur täglichen Arbeit aber stiegen sie nicht auf die Berge. In ihren Augen ist es absolut nutzlos, was die fremden „Herren" da tun. Bald aber verdingen sich die Ärmsten unter den Alpenbewohnern – die Samer, Kleinhäusler und Wilderer – den Alpinisten als Träger und Wegbegleiter. Aus den Diensten für die Herrschaften aus der Stadt entsteht so der Beruf des Trägers und Bergführers. Bald kommt die Zimmervermietung dazu.

Neugierige am Gletschertor.

VON DER EROBERUNG DER GIPFEL ZUR BERGNATUR

Als De Saussure auf den Gipfel des Mont Blanc stieg, 1787, tat er es in erster Linie aus wissenschaftlichem Interesse. Er wollte Übersicht gewinnen, die Natur des Berges kennenlernen und erfuhr doch gleichzeitig viel über die Natur des Menschen. Dieser Menschennatur galt auch das Interesse späterer Bergsteigergenerationen. Nachdem in den Alpen keine Gipfel mehr zu erobern, alle Wände und Grate erklettert waren, ging es um Rekorde oder Konsum: die Berge wurden zur Ressource für Erholung, Ertüchtigung, Kontemplation. Die Erfahrungen nach innen sind für die flüchtigen Alpen-Konsumenten allerdings andere als für die Alpen-Bewohner, die ihr Auskommen dort finden müssen, wo der Städter Urnatur sucht.

Die Bergnatur ist unendlich vielschichtig und es wird nie gelingen, den Riss zu schließen, der zwischen dem Anspruch der Touristen und dem Selbstverständnis der Älpler klafft. Vielleicht ist es aber möglich, das alpine Habitat als großes unteilbares Ganzes zu verstehen. Im Interesse für dieses gemeinsame Erbe bin ich jedenfalls bereit, das letzte Drittel meines Lebens als Bewahrer der Bergkultur und Museumsgestalter einzubringen.

Das Tal von Chamonix mit dem Mont Blanc. Nach Stichen aus der Zeit vor der ersten Besteigung des Berges.

Saussure besteigt den Montblanc.

3

FRÜHE ERSCHLIESSUNG

Francesco Petrarca, 1336

„In den Schluchten des Gebirges trafen wir einen alten Hirten, der mit vielen Worten versuchte, uns von der Begeisterung abzubringen, und sagte, er sei vor fast fünfzig Jahren in demselben Drang jugendlichen Feuers auf die höchste Höhe emporgestiegen, habe aber nichts mit zurückgebracht als Reue und Mühsal, Leib und Gewand zerrissen von Steinen und Gedörn, und es sei niemals weder vorher noch nachher gehört worden, daß einer ähnliches gewagt."

DER ALPENRAUM IN DER EU

Die Alpen ergeben, obwohl sie in viele Regionen zerfallen und acht Nationen angehören, nach außen ein einheitliches Bild. Natürlich verfolgen die einzelnen Regionen verschiedene Interessen, denn jede Region ist ein Einzelfall und die Entwicklungsmöglichkeiten sind verschieden. Häufig stehen Nachbarregionen sogar in harter Konkurrenz zueinander. Es sind dabei aber nicht allein regionale Egoismen, es sind Nationalpolitiker, die zu einer divergierenden Entwicklung zwischen Süd- und Nordalpen oder Tourismushochburgen und ländlichem Raum geführt haben. Wird es deshalb nie mehr eine einheitliche Regionalentwicklung in den Alpen geben? Wenn doch die Grundprobleme überall ähnlich sind: Entsiedelung oder Verstädterung des Hinterlandes, Verkehrsüberlastung und Zersiedelung in den Durchgangstälern. Neben der jeweiligen Regionalentwicklung gilt es künftig eine gemeinsame Alpenpolitik einzufordern. Die Alpenbevölkerung darf die Entscheidungsprozesse über ihre Heimat nicht den Städtern überlassen. Da die Alpen, zusammen mit der Schweiz, ein wichtiger Teil der EU sein könnten, bestehen gute Chancen, dass die zentralen Probleme in ferner Zukunft gemeinsam gelöst und Ressourcen gemeinsam genutzt werden. In der globalisierten Welt sind die Alpen nur als Ganzes ein starker Raum.

Tödi-Massiv mit dem Piz Rusein bei Glarus in der Schweiz.

<< Almhütten in der Gegend des St.-Gotthard-Passes.

„Der Mensch ist ein Feind der Natur, wenn er die hohen Berge nicht einer längeren Betrachtung für würdig erachtet. In Wahrheit stehen die höchsten Punkte der luftigsten Berge scheinbar über den Gesetzen, die unsere Welt hier unten regieren. So als ob sie zu einer anderen Sphäre gehörten."

Konrad Gesner

„Die Eisenbahn wird für die Fahrt mit Lokomotiven berechnet, ohne jedoch die Förderung mit Pferden auszuschließen. Sie soll möglichst lange gerade Linien erhalten. Die Bahnhöhe soll zwei Fuß (63 cm) über dem bekannten höchsten Wasserstand des Innstromes sein. An keiner Stelle soll das Niveau (Steigung) 1:200 (5 Promille) übersteigen. Die Kurven sind möglichst kurz zu halten, und ihr Halbmesser darf nicht weniger als 1500 Fuß (474 m) betragen."

Luigi Negrelli

„Die Alpen aber werden bewohnt, bebaut; erzeugen und ernähren lebendige Geschöpfe; sie sind für wenige gangbar, aber auch für Heere nicht unwegsam."

Titus Livius, 218

KEIN HEIDILAND

In der Zeit der Saumpfade waren die Alpen an vielen Pässen zu überqueren. Heute staut sich der Verkehr an relativ wenigen Alpenübergängen.

Ob in der Schweiz (Teufelsbrücke am Gotthard), im Aosta- und Susatal oder in Tirol – es muss uns gelingen, den Transit-Schwerverkehr auf die Schiene zu zwingen.

Es waren die Römer, die in den Alpen ein erstes Straßennetz anlegten und damit den inneralpinen Raum allgemein zugänglich machten. Entlang dieser Wege entstanden zuerst Garnisonsstationen, dann Märkte, später Städte. Damit konnte längs der Durchgangstäler und Transitstrecken der Handel wachsen, dessen wirtschaftliche und kulturelle Bedeutung für den gesamten Alpenraum anhält. Bis heute. Zugleich wurde eine regionale Arbeitsteilung sinnvoll: mit Handel, Verwaltung und Gewerbe in der Stadt; Lebensmittelproduktion im ländlichen Raum und am Berg.

Den Römern war das alpine Hinterland suspekt, ja unheimlich. Die Berge, diese „montes horribles“ erschienen ihnen unzugänglich, ja schrecklich. Dort lebten in ihrer Vorstellung die Barbaren. Dieses Bild vom primitiven Älpler blieb im europäischen Kulturraum dann bis zum Anfang des 18. Jahrhunderts aufrecht, es spukt auch heute noch in so manchen Köpfen von Touristen, die den Alpenbogen sonst gern als „Heidiland“ verklären.

„Als europäisches Erbe bilden die Alpen eine natürliche, geschichtliche, kulturelle und soziale Einheit von lebenswichtiger Bedeutung. In allen ihren Teilen haben sie eine entscheidende Rolle gespielt, indem sie die großen

Wie die Wasser den Fels (Blick von der Teufelsbrücke am Gotthard) haben Straßenbauingenieure Passstraßen in tiefe Schluchttäler der Alpen geschält (Straßenstück zwischen Andermatt und Göschenen in der Schweiz).

Strömungen der Zivilisation trennten, umformten und verbanden. Aber trotz der manchmal schwierigen Beziehungen und Verbindungen zwischen den Völkern und den politischen Systemen hat sich eine eigenständige Alpenkultur herausgebildet, und obgleich die Alpen nie eine politische Einheit gekannt haben, lassen Lebensweise und Tätigkeiten ihrer Bevölkerung Eigenschaften von auffallender Ähnlichkeit erkennen."

Walter Danz

„Der Berge wachsend Eis, der Felsen steile Wände
Sind selbst zum Nutzen da und tränken das Gelände.“

Albrecht von Haller, 1729

Panoramablick vom Säntis in der Zentralschweiz; auch idealer Standort für moderne Infrastrukturen.

DIE ALPEN ALS KULISSE

So wie die Felsen, Kare und Gletscher für die Bergbauern einst unnützes Beiwerk ihres Habitats waren, sind sie es heute auch für die Touristen. Denn außerhalb der Seilbahnstationen, Passstraßen und Pisten werden die Berge nur noch als Kulisse wahrgenommen. Es haben sich inzwischen ja so viele verschiedene Sportarten herausgebildet, dass an eigens dafür geschaffenen Infrastrukturen gelaufen, geklettert, gefahren, gerodelt, gebikt, geraftet, geflogen werden kann. Drumherum Gebirge, die Gipfel.
Während die Alpen am Beginn des Industriezeitalters als „Playground of Europe" zum Eintauchen in einem weitläufigen Gefahrenraum einladen sollten, werden sie heute als alpiner Freizeitpark verstanden: Jede einzelne Aktivität findet dort ihr ideales Sportgerät: gut präpariert, zugänglich, markiert, abgesichert.

TEURER SIEDLUNGSRAUM

Obwohl ihre Besiedlungsdichte gering ist, sind die Alpen punktuell ein verstädterter Raum. Denn ein Großteil der Einwohner lebt in Städten, von denen die allermeisten weniger als 50.000 Einwohner zählen. Deshalb und weil die langgestreckten Siedlungen in schmalen Talsohlen oder verteilt auf Anhöhen liegen, sind die notwendigen Infrastrukturen – Wasser-, Abwasser- und Stromleitungen, Verkehrswege – teurer als im Flachland. Dazu kommen die Gefahr von Steinschlag in den engen Tälern, Lawinen im hochgelegenen Siedlungsraum, Wildwasser und Murenabgänge. Die Sicherung der alpinen Infrastruktur erfordert dauerhafte Aufmerksamkeit und viele Mittel. Sind Landwirtschaft und Almregionen einmal aufgegeben, wachsen die Gefahren auch im Tal und zuletzt wird – wenn es nicht mehr möglich ist, die Infrastruktur zu erhalten – mit dem Tod der Pensionisten am Berg auch die Straßensiedlung darunter unbewohnbar.
Es geht nicht darum, die Alpen in ihren Naturzustand zurückzuführen, es gilt, das Gleichgewicht zu wahren, das in tausendjähriger Bewirtschaftung durch den Menschen entstanden ist und neue Wirtschaftsformen danach auszurichten.

Wie Briancon in den Cottischen Alpen sind die allermeisten Alpenorte zwischen die Berge geklemmt.

Die Écrins im Dauphiné (Frankreich) gehören zum wildesten Teil der Alpen. La Meije ist nach Emil Zsigmondy der schönste Alpengipfel. **>**

4

HOCHSAVOJEN

Friedrich Hölderlin, in Hyperion

„Das Herz der Woge schäumte nicht so schön empor und würde Geist, wenn nicht der alte stumme Fels, das Schicksal, ihr entgegenstünde."

Blick vom Pass Ruillans auf die Bergdörfer Les Terrasses und Le Chazelet.

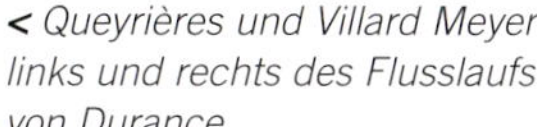

< Queyrières und Villard Meyer links und rechts des Flusslaufs von Durance.

Das kleine Dorf Le Chazelet (1800 m) nahe La Grave mit Blick auf die Meije.

„Eine falsche Hypothese ist besser als gar keine; denn dass sie falsch ist, ist gar kein Schade, aber wenn sie sich befestigt, wenn sie allgemein angenommen, zu einer Art von Glaubensbekenntnis wird, woran niemand zweifeln, welches niemand untersuchen darf, dies ist eigentlich das Unheil, woran Jahrhunderte leiden."

Johann Wolfgang von Goethe: Schriften zur Naturwissenschaft

< Der Glacier du Râteau.

< Das Mattertal.

„Stumpfsinnige Menschen finden nirgends einen Grund, sich zu wundern. Sie sitzen untätig daheim, anstatt zu schauen, was auf der großen Bühne der Welt gezeigt wird."

Konrad Gesner

DIE ALPEN AUS DREI VERSCHIEDENEN BLICKWINKELN

Die Bergbauern suchten in der Landschaft nutzbare Flächen. Touristen dagegen finden vor allem nutzlose Kulturlandschaft „schön"; Natur- und Umweltschützer schwärmen gar von der unberührten Natur als Wildnis. Und weil diese drei Gruppen aneinander vorbei reden, werden da Schutzgebiete ausgewiesen, dort die landwirtschaftliche Nutzung eingestellt, hier der Zugang ins Hochgebirge verwehrt. Immer ist es der Mensch und meist sind es die Städter, die bestimmen, wie mit der Alpen-Natur zu verfahren ist.
Der Bauerngesellschaft mit ihrer Bergkultur aber, der ein Schutz der Menschen vor den Naturgewalten das primäre Anliegen war und ist, erscheint die Umkehrung ihrer Lebenshaltung, der Schutz der Bergnatur vor den Menschen, „absurd". Unser Hauptziel im alpinen Raum kann also nicht der Umweltschutz als Selbstzweck sein, es muss der Schutz der vom Menschen genutzten Kulturlandschaft vor ihrer Zerstörung bleiben. Nur die umweltverträgliche Nutzung aller einst gepflegten Alpenflächen verdient eine Wirtschaftsförderung, denn nur sie garantiert Zukunft, hohe Lebensqualität und die vielgepriesene Vielfalt der Alpenlandschaft, die von Dauer sein muss.

„Die Fernsicht vom Gipfel eines Berges ist oft großartig, mit keinem anderen Eindruck zu vergleichen."

Emil Zsigmondy

Hanspeter Eisendle
Bergführer

Die Alpenkultur schwindet und verschwindet

Die Alpen sind, obwohl im Daseinszyklus der Erde eine Episode und ihrem Verschwinden entgegenalternd, ein faszinierendes Gebirge geblieben. Ihre Lage, inmitten von Europa, Fauna und Flora, mit arktischen und mediterranen Lebenswelten, ihre Landschaftsbilder, vertikal und horizontal ausgeformt, sind ohne Vergleich. Kein Zweifel, diese Alpen werden innert Jahrmillionen wieder verschwinden, so wie sie vor Jahrmillionen durch Kollision der Erdplatten gefaltet und emporgehoben worden sind: eine bestürzend leere Landschaft, kurzzeitig durchsetzt mit einer Kultur, die eine eigenständige alpine Identität ausbilden konnte.

Weil diese alpine Lebensform nun Jahrzehnt um Jahrzehnt schwindet, beklagen wir auch den Verlust der alpinen Kulturlandschaft und Lebensart. Rapide verschwinden in den Alpen Bearbeitungs- und Wirtschaftsformen, die den Menschen von der Natur aufgezwungen worden sind: Baukultur, Selbstversorger-Landwirtschaft und Tauschwirtschaft sind urbanen Wirtschaftsformen gewichen, eine alpenweite Lebensweise als Interaktion zwischen Mensch und Natur gibt es nicht mehr. So wenig wie es eine gemeinsame Identität der Alpenbewohner gibt. Es ist aber weniger das Fehlen einer politischen Alpengemeinschaft, die zu beklagen ist – sie ist ja von der Politik gewollt – als vielmehr der Verlust an Know-how und Selbstwertgefühl, die unwiederbringlich verloren gehen.

Der Erfahrungsschatz im Umgang mit den Bergen, die regional ausgebildeten Überlebensformen im Gebirge, in Jahrhunderten aufgebaut und von Generation zu Generation überliefert, das Wissen um die Kraft und die Gefahren der Natur sind das Wertvollste, was die Alpenbewohner zu bieten hatten. An ihre Stelle sind vielfach Subventionswirtschaft und das Einerlei einer Konsumgesellschaft getreten, die alpine Lebensweisen endgültig verdrängen werden.

Auch hier sind es einzelne Persönlichkeiten, der Bergführer Hans Peter Eisendle zum Beispiel, die ihren Beruf als Berufung verstehen und Dienstleister bleiben auch im Weitertragen einer zweihundert Jahre alten Erfahrung im Umgang mit Verantwortungsteilung im Gebirge.

5

DAS DACH EUROPAS

Leonardo da Vinci, 1511

„Ich sah die Luft über mir dunkel und die Sonne, die auf den Berg fiel, hier viel leuchtender als in den niedrigen Ebenen, weil die geringere Dichte der Luft sich zwischen den Gipfel und die Sonne schob."

< Aiguille du Midi
im Mont-Blanc-Massiv.

Kletterer an der
Aiguille du Midi
mit Mont Blanc. >

Aiguille Verte und
Les Droites am
Mont Blanc. >>

„... Alles erblaßte langsam gegen den Mont Blanc zu, dessen weiter Busen noch immer rot herüberglühte und auch zuletzt noch einen rötlichen Schein zu behalten schien ..."

Johann Wolfgang von Goethe

WELTUNTERGANGSSZENARIEN

Über die Alpen sind in den vergangenen 50 Jahren eine ganze Reihe von „Katastrophen" hinweggegangen: Massentourismus, Landflucht, der saure Regen mit dem Waldsterben als Folge, Transit-Verkehr, Feinstaub, Gletscherschwund, Höfesterben! In den Medien wurden sie als „Weltuntergangsszenarien" und zum Teil zum Erschrecken übertrieben dargestellt: Jahrhundertübertreibungen? Der Wald ist nicht, wie prophezeit, verschwunden, und die Landflucht schwappt inzwischen zurück: die Durchgangstäler verstädtern. Vielleicht wäre es ohne diese Übertreibungen nicht zu einem so breiten Bewusstsein für den Schutz der Alpen in Europa gekommen, der inzwischen politische Parteien und Umweltschutzgruppen eint, wenigstens in ihren Lippenbekenntnissen.
Den Jahrzehnten der Übertreibung aber folgten keine Taten – im Gegenteil: auf die jahrelange Öko-Hysterie scheint der Älpler inzwischen mit Gleichgültigkeit oder gar Verharmlosung zu reagieren. Auch weil die einander oft widersprechenden Horrormeldungen zuletzt zu Skepsis und Weghören führen müssen. Und diese Gleichgültigkeit ist zuletzt gefährlicher als die Folgen eines Fehlverhaltens, das gemeinsam korrigierbar wäre.

„Der Zauber der Alpen lockt noch immer, hinauf, weiter hinauf, bis die verhängnisvolle Liste der früh Beklagten und Vermissten länger wird.“

Frances Ridley Havergal, 1884

< Mont Blanc im letzten Abendlicht.

Aiguilles de Chamonix (Peigne und Blatière) im Mont-Blanc-Massiv.

„Auf der Reise ward soviel von den Merkwürdigkeiten der Savoyer Eisgebirge gesprochen und wie wir nach Genf kamen, hörten wir, es werde immer mehr Mode, dieselben zu sehen, daß der Graf eine sonderliche Lust kriegte, unsern Weg dahin zu leiten … die Wunder zu betrachten …"

Johann Wolfgang von Goethe

Verlassener Weiler im Aosta-Tal.

Kleinräumiger Weinbau im Aosta-Tal.

„Wo hört der Montblanc auf und wo ist der Anfang meiner selbst? Kein Jenseitsforscher hat die Frage endgültig zu entscheiden vermocht."

Leslie Stephen, 1873

INDUSTRIELLE LANDWIRTSCHAFT

Bald nach dem Zweiten Weltkrieg wird der Ackerbau in den Alpen eingestellt, weil es nicht mehr lohnt, an steilen Hängen Getreide anzubauen. Arbeit und Maschinen dafür sind zu teuer. In den Gunstlagen Europas und vor allem in Übersee wird Getreideanbau heute vollmechanisch betrieben.

Die Bergbauern stellten auf Viehwirtschaft um, im romanischen Teil der Alpen bricht die Berglandwirtschaft jetzt großflächig und endgültig weg, im germanischen verschwindet die Selbstversorgerlandwirtschaft. Durch die intensive Nutzung von früheren Ackerflächen für die Produktion von Futtermitteln, Zukauf von Kraftfutter und den Einsatz von Herbiziden sowie Kunstdünger kann die industrielle Landwirtschaft auch in den Alpen überleben. Veredelt und verkauft werden die Produkte – Milch, Fleisch, Obst und Gemüse – zuletzt über Genossenschaften im Tal. Aber wie lange kann das funktionieren?

Extensiver Obstbau im Aosta-Tal.

Rebenlandschaft in den Piemonteser Alpen.

LANDFLUCHT UND ENTSIEDELUNG DER ALPEN

Ich kenne zahlreiche Dörfchen und auch mehrere Täler in den Alpen, die menschenleer sind. Vor allem in den Südalpen. Einem jahrzehntelangen Bevölkerungsrückgang folgte jeweils der Zusammenbruch des Handels, der Traditionen, der Wirtschaft, der Gesellschaft. Entsiedelte Regionen mögen zuletzt Lebensräume für wenige Tier- und Pflanzengattungen bleiben, in ihrer Vielfalt gehen sie der Menschheit aber verloren.

Nur in den seltensten Fällen ist es bisher gelungen, entvölkerte Alpentäler wiederzubeleben. Denn der Wiederaufbau der dafür notwendigen Infrastrukturen ist teuer, die landwirtschaftliche Nutzung bracher Flächen arbeitsintensiv und die Schaffung neuer Arbeitsplätze nur mit völlig neuen Konzepten möglich. Dagegen stehen oft die Skepsis lokaler Politiker, Rahmenbedingungen, die Initiativen blockieren statt fördern, eine Bürokratie, die einer städtischen Entwicklung mit gleicher Engstirnigkeit gegenübersteht wie der ländlichen.

Um der Landflucht einerseits und der Verstädterung andererseits – touristischer Art an berühmten Orten, Wachstum der Alpenstädte – entgegenzuwirken, sind Persönlichkeiten gefragt, die mutig und innovativ genug sind, die Herausforderungen der Zukunft anzupacken: Es gilt Nutzungsformen zu etablieren, die Landwirtschaft, lokales Handwerk, Tourismus und Dienstleistung miteinander verzahnen. Nur so entstehen Arbeitsplätze und Hoffnung von Dauer.

„Gletscher werden erst als Ressource verstanden, seit sie schwinden. Als Wasserspeicher und Energieträger, als landschaftsbestimmende Bergbedeckung und Aktionsflächen sind sie von unschätzbarem Wert.“

Reinhold Messner

EISENBAHN UND FREMDENVERKEHR

Mit der Eisenbahn und der weiteren Verkehrserschließung kommt erstmals auch die Moderne in die Alpen. Die Bergwerke – viele arme Lagerstätten – müssen jetzt aufgegeben werden. Die Verhüttung lohnt sich nicht mehr. Landwirtschaft und Handwerk, hervorgegangen aus Notwendigkeiten, lernen die Arbeitsteilung kennen. In den Städten und an den Verkehrsadern in den tief eingeschnittenen Tälern entstehen erste Industriebetriebe und Wasserkraftwerke.
Mit der besseren Erreichbarkeit wächst mit dem Tourismus bald auch jener Wirtschaftszweig heran, der vor allem den bisher ungenutzten Alpenraum, das Hochgebirge, als unerschöpfliche Ressource nutzt. Erste Zahnradbahnen, Schutzhütten, Klettersteige entstehen. Die Erschließung der Bergwelt wird kapilar. Die Gäste aus den Metropolen Europas sind fasziniert von Gletscherbrüchen, Felsgipfeln und Firnfeldern.

< Eis fließt, deshalb sind Gletscher zerrissen.

< Im Mont-Blanc-Massiv und im Berner Oberland kalben die Gletscher; täglich fallen riesige Eisstücke vom Berg.

Im Vorteil sind jetzt Gunstlagen – tiefe Tallagen mit guter Erreichbarkeit, Plätze mit unverwechselbarem Alpenpanorama, Orte unter berühmten Gipfeln – und Verkehrsknotenpunkte. Eine Abwanderungswelle hingegen ist in vielen Seitentälern ohne Eisenbahnanschluss zu beobachten. Denn die Industrie in den alpennahen Städten braucht immer mehr Arbeitskräfte.

Blick von der Aiguille du Midi auf den Mont Blanc.

Gondelbahn La Grave, Savojer Alpen.

Gondeln und Menschen hoch über Chamonix. **>**

Bergstation auf der Aiguille du Midi. **>**

Stangenkunst auf Gletscherfläche. **>>**

„Es sind nicht zehn Panoramen, die sich uns erschließen, es sind tausend, es sind unendlich viele. Landschaft ist auf einmal kein stilles Bild mehr, nichts Ruhendes, Beharrendes, kein lyrisches Gedicht. Sie ist Geschehen geworden, Bewegung, Aktion und Kampf. Landschaft als Handlung, Landschaft als Drama!“

Landschaftswahrnehmung in der Seilbahn, 1928.

Blick vom Mont Blanc nach Osten.

Skibergsteiger knapp unterhalb des Mont-Blanc-Gipfels.

Grand Jorasses. **>>**

„Felsstürze, die im Zusammenhang mit Permafrost stehen, ereignen sich in erster Linie in Gebieten über 3000 m ü. M. und betreffen zum Beispiel alpine Wege oder Hochgebirgsinfrastruktur.
Täler und Dörfer werden nur von weitreichenden Großereignissen erreicht. Durch eine Änderung der Temperaturverhältnisse können sich die Häufigkeit und die Größe von solchen Instabilitäten verändern. Solche Ereignisse können damit auch in historisch als sicher bekannten Räumen auftreten, da die derzeitige atmosphärische Erwärmung historische Werte zu überschreiten beginnt. Da die gängigen Methoden zur Gefahrenbeurteilung vorwiegend auf Erfahrungswerten und statistischen Beziehungen beruhen, ist die Abschätzung zukünftiger Entwicklungen deshalb eine große Herausforderung für die Wissenschaft."

Stephan Gruber

Dr. Stephan Gruber

Permafrost und die Folgen

Trotz eines steigenden öffentlichen Interesses – Bücher, Zeitungen und TV-Anstalten berichten regelmäßig darüber – ist das Phänomen Gebirgs-Permafrost wenig bekannt. Permafrost nun hat großen Einfluss auf die Stabilität von Felswänden. Denn obwohl Felsstürze zu den natürlichen geologischen Prozessen im Hochgebirge gehören, spielt neben einer Vielzahl von Faktoren wie zum Beispiel Schichtung oder Klüftung des Gesteins, vor allem das Schwinden des Permafrosts eine entscheidende Rolle, wann und ob es im Gebirge zu einem oft dramatischen Ereignis kommen kann. Dieser Permafrost (permanenter Bodenfrost) ist zwar unsichtbar, seine Wirkung aber ist vielfältig. Denn Permafrost – Eis kann, muss aber nicht dazugehören, Gletscher sind etwas anderes – ist aufgrund der Bodentemperatur definiert und diese ändert sich zur Zeit mit der Lufttemperatur.

Steile Felswände, die keine Schuttbedeckung und im Winter keine wesentliche Schneedecke tragen, sind an der Oberfläche direkt mit den Veränderungen in der Atmosphäre gekoppelt. Ihre Reaktion auf veränderte Temperaturbedingungen – zum Beispiel auf eine Hitze- oder Kältewelle – erfolgt kaum verzögert. In Europa nun herrscht zur Zeit eine Wärmeperiode und die Folgen sind oft verheerend.

„Wegen der stabilisierenden Wirkung von eisgefüllten Klüften auf steile Felswände kann Permafrostdegradation zu einer Zunahme von Felsstürzen im entsprechenden Höhenbereich führen", sagt der Fachmann Dr. Stephan Gruber. Es gelangt neues Felsvolumen in einen kritischen Temperaturbereich, was zu Instabilitäten führen kann. Die außergewöhnliche Felssturz-Aktivität des Sommers 2003 bestätigt dies: dokumentiert sind im Wesentlichen oberflächennahe Abstürze von vergrößerten Permafrost-Auftauschichten" (Dr. Stephan Gruber).

Aber dies ist erst der Anfang.

In den vergangenen fünfzig Jahren nun ist in den Alpen vielfach auch dort gebaut worden, wo große Felsstürze abgehen können – bedingt durch die globale Erwärmung, die den unsichtbaren Permafrost schwinden lässt. Bald kann der Klimawandel auch dort Felsstürze auslösen, wo es kaum jemand vermutet.

6

WALLIS

Eduard Whymper, 1865

„Die abergläubischen Bewohner der naheliegenden Täler, von denen viele das Matterhorn für den höchsten Berg der Alpen, ja der Welt hielten, sprachen von einer auf dem Gipfel in Trümmern liegenden Stadt, die von Geistern bewohnt werde."

Zermatt mit dem Gipfel des Matterhorn.

Ob man hinaufsteigt oder hinaufschaut (von der Furgge), das Matterhorn ist einzigartig.

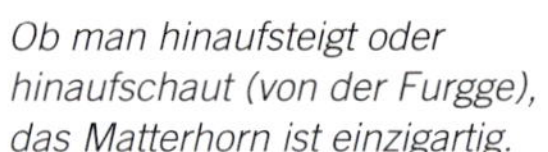

< Matterhorn mit Wolkenhut.

Der Riffelsee, vor allem von Japanern geschätzt, mit Blick auf das Matterhorn.

DIE ERHABENEN ALPEN

Viele Gebiete im Alpenbogen wurden nach und nach von Süden oder von Norden her besiedelt. Aber erst im Mittelalter entstehen in allen Alpentälern Dauersiedlungen. Einzelne Weiler und Höfe liegen jetzt hoch oben im Talschluss, wo kein Getreide mehr wächst und die Winter lang sind. Die Bauern dort finden als Säumer an den Alpenübergängen oder zu den Märkten in den Haupttälern Beschäftigung und Zusatzeinkommen. Auch die Holzarbeit lohnt sich.
Diese Dienste werden in der ersten Hälfte des 18. Jahrhunderts noch wichtiger, als die alpinen Täler mehr und mehr von neugierigen Städtern aufgesucht werden und das wertvolle Holz aus den Alpen begehrt ist. Denn die Alpen haben – beginnend mit der Renaissance und vor allem mit der Aufklärung – ihre Schrecken verloren und werden von Reisenden und Künstlern plötzlich als schrecklich schön und als erhaben beschrieben. Sie werden jetzt nicht mehr gemieden sondern in den Sommermonaten gezielt aufgesucht. Der Alpentourismus beginnt.

Käsebauer
aus dem Bregenzer Wald

Urlaub mit gutem Gewissen

So negativ der Massentourismus für das ökologische Gleichgewicht der Alpen sein kann, gilt umgekehrt: Ohne die Touristen ist vielerorts in den Alpen kein Überleben möglich. Das Geld der Urlauber sichert Arbeitsplätze und hilft zuletzt auch, die jahrhundertealte Kulturlandschaft zu erhalten. Mehr noch, inzwischen ist der Tourismus die wichtigste Einnahmequelle in den Alpen geworden, Gast und Gastgeber wissen es. Für eine nachhaltige Entwicklung des Alpenraums ist also auf beiden Seiten ein Umdenken notwendig.
Wer seinen Urlaub in den Alpen mit gutem Gewissen genießen will, ist angehalten, dorthin zu gehen, wo die Massen nicht sind und Produkte vom Bauern zu kaufen, weil damit Landschaft und lokale Wirtschaft gleichermaßen gestärkt werden. Denn im Europa der Massenproduktion und einer Marktordnung, die den freien Warenverkehr zu ihrer Grundfeste erhoben hat, braucht der Bergbauer Abnehmer vor Ort, um konkurrenzfähig zu bleiben.

Ein positives Beispiel für die Tatsache, dass von innovativen Projekten Einheimische im Tourismusumfeld profitieren und dadurch gleichzeitig die lokale Kultur gestärkt wird, ist die so genannte „Käsestraße“ im Bregenzer Wald. 22 Gemeinden haben sich zusammengetan und machen besten Alpkäse. Wie zu Großmutters Zeiten. Die Kühe weiden auf den Wiesen, Silofutter ist verpönt und die Gäste sehen, wie der Käse, mit seinem kräftigen Geschmack, gemacht wird. Im Bauernladen, im Hotel oder am Hof kaufen sie ein Stück davon oder gleich einen ganzen Laib bevor sie zurück in die Stadt fahren, wo es eine solche Qualität nur selten gibt.
So wird Tourismus zum Devisenbringer, der hilft, auch die Qualität der Urlaubswelt zu erhalten. Es sind vor allem die Werte von Slowfood – lokale Produkte, Entschleunigung, Ruhe – die zum Genießen in den Alpen passen und es sind immer ein paar kreative Älpler, die es verstehen, hergebrachte Werte in der modernen Welt zu positionieren.

„ Wenn der Smog es zulässt, sind über den Dächern von Mailand, Turin oder München die Alpen zu sehen, jener ferne, hohe Gebirgszug, der eine Vorstellung von einer Gegenwelt zur Stadt weckt, was die Berge aber nicht sein können.“

Reinhold Messner

DAS DILEMMA ZWISCHEN SCHUTZ UND NUTZUNG DER ALPEN

Die Politik in den Alpen wird von Städtern bestimmt, die oft ein widersprüchliches Bild der Bergwelt im Kopf haben. Einerseits betrachten sie die stadtnahen Berge als Ressource – Wohnraum, Wasserspeicher, landwirtschaftliche Produktionsfläche, Erholungsraum – andererseits wird die exotische Berglandschaft bestaunt. Naturschutz wird eingefordert, weil bei Sonntagsspaziergängen die Kontemplation der Alpennatur nicht als Nutzung empfunden wird.

Die Alpenbewohner sehen ihr Habitat weniger spektakulär. Die Landschaft, die sie umgibt, ist etwas Selbstverständliches. Die wirtschaftlichen Möglichkeiten dort sind beschränkt und das Ganze ist so fragil, dass es der ständigen Pflege bedarf. Weil aber dieses Bild in den Städten nicht angekommen ist und das Zerrbild von der Schützbarkeit des unberührten und gleichzeitig als Freizeitarena ausbeutbaren Alpenraums in die Städte schwappt, verhalten sich die allermeisten Entscheidungsträger schizophren. Nicht die Stadt oder die Kultur der Industriegesellschaft kann es also sein, die brauchbare Rahmenbedingungen für die Alpen schafft, sondern jene Bergkultur, die sich auf Alpenbilder stützt, die seit Jahrhunderten gelten und in die heutige Zeit passen.

Das Monte-Rosa-Massiv über den Dächern von Mailand.

„Zurück zur Natur“

Jean Jacques Rousseau

Siedlung und Steinhäuser im Valle Anzasca im Piemont, wo das „Zurück zur Natur“ endgültig sein wird.

Walserhaus in Alagna, das mit Leben erfüllt ist (rechts oben).

Typisches Steinhaus in der Provinz Verbano, das leider verfällt. **>**

DIE ALPEN ALS PROJEKTIONSFLÄCHE FÜR EINE HEILE WELT

Überall wird heute die Ursprünglichkeit der alpinen Volkskultur beschworen, ihre Authentizität und Tradition. Heimat- und Naturschützer aus alpenfernen Ballungsräumen warnen vor dem Ausverkauf in den Alpen und ihrer Zerstörung durch den industriellen Strukturwandel. Dabei benutzen sie die alpine Kulturlandschaft als Projektionsfläche für ihre Vorstellung von einer heilen Welt. Die „Heimat" mit dem „Zurück zu Natur" wird vorindustriellen Zeiten gleichgesetzt. Die Alpentäler müssen in ihren Augen also „echt", „ursprünglich", „wie früher" bleiben; allen Veränderungen trotzend. Als ob moderne Strukturen keine Sicherheit und Geborgenheit garantieren könnten. Ja, auch lokale Volkskulturen sind auf Veränderung, Auseinandersetzung vor Ort und vor allem auf Wandel angewiesen. Als Museum ist der alpine Raum nicht überlebensfähig, denn die Volkskultur als Veranstaltung am Sonntag ist wie die schöne Landschaft ohne Menschen oder eine Lebensform ohne Akteure hohl. Die Herausforderung wird es also sein, Antworten auf die Fragen der Gegenwart zu finden und das kulturelle Erbe als Basis für das Wissen zum nachhaltigen Wirtschaften zu bewahren. Auch die gestrige alpine Kultur ist nicht aus sich heraus entstanden, von der Gegenwart abgekoppelt verliert sie rasch ihre Lebendigkeit und Kraft. Alpine Kultur und Tradition müssen also auch für den heutigen Alltag taugen, das reine Festhalten an der Vergangenheit macht sie steril.

„Wir haben unser Hirn von der Schöpfung bekommen, um die Natur zu verstehen und sie dementsprechend zu lenken und nicht um diese zu bekämpfen, wie es die meisten von uns tun."

Sepp Holzer

DIE MEHRFACHNUTZUNG DES ALPENRAUMS

In den entsiedelten Regionen der Alpen ist mit dem Verschwinden der Kulturlandschaft eine signifikante Entwertung des alpinen Raums einhergegangen. Eine zum Teil dramatische Entwicklung! Umgekehrt ist in den großen Alpentälern mit der Verstädterung das Gegenteil passiert. Gewerbezonen sind chaotisch zu Siedlungssträngen angewachsen, die vielerorts mit regionaler Wirtschaft und Kultur nichts zu tun haben.

Beides bringt uns nicht weiter: Die Älpler, die eine Modernisierung verweigern und die Großstädter, die die Alpen vereinnahmen wollen. Beides entwertet die Alpen. Nur eine ausgewogene Mehrfachnutzung des Alpenraums macht eine nachhaltige Entwicklung möglich. Denn nur der gelebte Bezug zu Berg und Tal sowie die Verantwortung fürs Ganze bremst den Landschaftsverbrauch und fördert den Landschaftsschutz.

Es gilt in Zukunft, die regionale Kultur und Wirtschaft mehr und mehr mit dem Tourismus zu verflechten. Wenn lokale, möglichst geschlossene Kreislaufwirtschaften wiederbelebt werden, die auf die Kaufkraft der Urlauber setzen können und die Einheimischen bedienen, bleibt die gesamte Wertschöpfung vor Ort. Die Mehrfachnutzung des Alpenraums, nur als Ganzes eine überlebensfähige Einheit in Europa, wird zum Segen.

< Bergbauernhaus in Südtirol.

< Almhäuser aus Stein in der Gemeinde Alagna.

< Monte-Rosa-Ostwand mit Punta Gnifetti (Signalkuppe) und Dufourspitze.

Lyskamm mit Matterhorn im Hintergrund.

Blick vom Passo dei Salati auf die steilen Bergflanken, die bei Verlust des Permafrosts unstabil werden. Alagna.

Bergdohlen mit Monte-Rosa-Massiv. In der Mitte der Lyskamm. >

„Permafrost hat eine stabilisierende Wirkung auf steile Hänge im Hochgebirge."

W. Haeberli et al. 1997

So unzugänglich das Jungfraumassiv im Berner Oberland erscheint, so leicht ist es mit der Jungfraubahn bis ins Herz dieser Hochgebirgsregion vorzustoßen.

Eiger-Nordwand von der kleinen Scheidegg. **>**

„Weder Chamonix noch Zermatt können sich, was Großartigkeit und Kühnheit des Entwurfes betrifft, mit dem Berner Oberlande messen."

Leslie Stephen, 1871

7

BERNER OBERLAND

Stephan Gruber

„Vor allem im Licht der kontinuierlichen Expansion von Infrastruktur im Hochgebirge und dem derzeitigen und prognostizierten Klimawandel wird Permafrost in der Zukunft zunehmend zu einem „heißen Thema“ werden.“

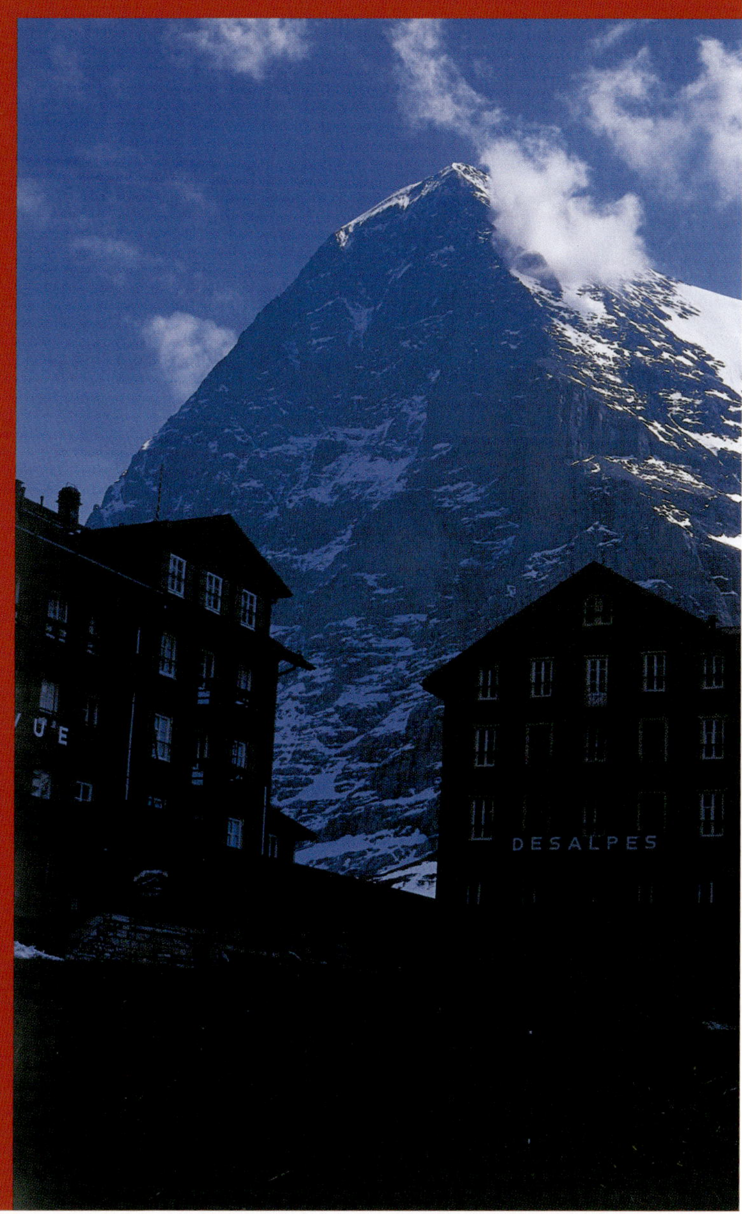

<< Die konkave und düstere Eiger-Nordwand, die höchste Steilwand der Alpen, ist wegen ihrer Ersteigungsgeschichte zum Mythos geworden.

< Im Fels, in Eis und Schnee finden sich 500.000 Gäste jährlich auf dem Jungfraujoch in einer exotischen Welt wieder, nachdem sie durch Eiger und Mönch hindurch in die Höhe gebracht wurden.

Tourengeher am Concordia-Platz – Aletsch-Gletscher. >

„Wenn 2075 die Sommer so trocken und heiß werden wie der Hitzesommer 2003, dann werden von Juli bis August der Rhein und die Rhône trocken fallen.“

Wilfried Haeberli

BERGSTEIGEN ALS WIRTSCHAFTSFAKTOR

Die Kletterer und Bergsteiger spielen in der Tourismuswirtschaft der Alpen eine untergeordnete Rolle. Vielleicht lebt ein Städtchen wie Arco am Gardasee in den Frühlings- und Herbstwochen auch von den Sportkletterern, die warmen Fels, sichere Routen und möglichst viele Sonnentage brauchen, um sich austoben zu können. Wanderer und Biker gibt es viel mehr. Sie zählen in der Tourismuswirtschaft.

Vielleicht haben die alpinen Vereine mit dem Bau der Hütten und Weganlagen in den Alpen den Grundstein gelegt für einen Tourismus, der heute vor allem in den Tälern und auf den Almen, im Winter auf den Skipisten, im Sommer auf Wanderwegen stattfindet. Die Bergsteiger würden nie ausreichen, die vielen Pensionen und Hotels zu füllen, die heute in den Alpen allerorten zum Landschaftsbild gehören.

„Es wird nie die Eiger-Nordwand sein, die genügend Wiederholer findet, auf dass Hotels und Restaurants in Grindelwald überleben können, ein starkes Bergpanorama aber gehört zu einem starken Alpentourismus.“

Reinhold Messner

Mindestens 500.000 Besucher zählt das Jungfraujoch im Berner Oberland im Jahr, die allerwenigsten von ihnen sind Bergsteiger. Diese Touristen aus aller Welt – Japaner, Inder, Chinesen, Koreaner, Israelis, Südafrikaner, Amerikaner, Russen, Europäer – reisen mit der Zahnradbahn an und bestaunen die nahen Gipfel, Séracs, das Eis, die wenigen Skifahrer auch, wie sie als schwarze Punkte am Concordia-Gletscher verschwinden. Einige von ihnen beten, andere wälzen sich im Schnee. Die allermeisten von ihnen essen dann in einem der Panorama-Restaurants, schreiben Postkarten und fahren zurück ins Tal. Als ob ihnen ein flüchtiger Blick aus dem Fenster genüge.

WENIGER FAHREN, MEHR GEHEN

So einzigartig wie die Touristiker den Erholungsraum Alpen beschreiben, ist er nicht. Zuallererst: Die meisten Urlauber leben wie die allermeisten Alpenbewohner in Straßendörfern oder Städten, von denen niemand weiß, ob sie Stadt oder Land sind. Es sieht überall gleich aus. So etwas wie einen Dorfkern oder die Stadtmitte sucht man auch in den Alpen oft vergebens. Die Leute leben im Urlaub also wie zu Hause. Auch beim Unterwegssein nichts Besonderes, woran man sich orientieren könnte! Man folgt dem Weg, dem GPS-Gerät, einer Stimme im Audioguide – nicht Landmarks, die den Alpenbesucher in Erinnerung bleiben würden. Und weil es überall ähnlich aussieht, weiß man am Ende nicht, wo genau man gewesen ist. Umgekehrt beschweren sich die Bereisten mehr und mehr, dass Touristen nur noch durchreisen.

> „Und noch höher hinauf wohnt über dem Lichte der reine Selige Gott, vom Spiel heiliger Strahlen erfreuet."
>
> *Friedrich Hölderlin*

Sonst ist es umgekehrt. Nicht die Älpler werfen den Städtern vor, dass sie unnatürlich leben, es sind Städter, die überdüngte Almwiesen, Monokulturen und Massentourismus in den Alpen, den sie selbst verursachen, kritisieren. Vor allem wegen der enormen Verkehrsbelastung. Natürlich fahren auch Bauern und Förster mit dem Auto zur Arbeit, den Mehrverkehr aber, der zu Aggression, Lärm und stockender Mobilität führt, verursachen jene, die all dem entfliehen wollen. Der Fußgänger natürlich nicht. Nur, wenn wir das Leben in den Alpen wieder kurzstreckiger gestalten, dem Wanderer Privilegien einräumen, Berge als Orientierungshilfe anbieten und das Lokale betonen, wird das Unverwechselbare sichtbar und Entschleunigung möglich. Weniger fahren und mehr gehen könnte ein Schlüssel dazu sein: Denn nur in der Geschwindigkeit des Fußgängers entschlüsseln sich uns die Alpen. Zwischen der einst genutzten und ungenutzten Natur liegt der Erfahrungsraum, der dank des Mediums Berg über die Menschennatur Auskunft gibt.

Bergsteiger am Jungfraujoch.

Tiefblick im kombinierten Gelände.

Winterlicher Piz Badile im Bergell. >

„... Wir kamen nach Grindelwald, sahen den sogenannten untern Glätscher, der bis ins Thal dringt ..."

Johann Wolfgang von Goethe

ZERSIEDLUNG, VERSTÄDTERUNG

Erfolgreiche Tourismusorte drohen zu verstädtern und damit jene Ausstrahlung zu verlieren, die sie erfolgreich gemacht haben. Die Verstädterung in den Alpen, die in den Durchgangstälern unter 1000 m Meereshöhe schon früh eingesetzt hat, frisst sich damit immer tiefer ins Gebirge hinein.

Tourismus braucht nicht nur Hotels, Straßen, Parkplätze und Sportstätten sondern auch zusätzlichen Siedlungsraum fürs Personal. Verkehr, Lärm, Luftverschmutzung, Hektik nehmen mit dem Tourismus also doppelt zu. Die Umweltprobleme entsprechen zuletzt jenen in den Großstädten.

Nur wo es gelingt, gewachsene Dorfstrukturen mit modernen Tourismusbetrieben zu verzahnen, kann nachhaltiger Tourismus entstehen. Und nur wo Maß gehalten wird, bleiben soziale und kulturelle Spannungen aus. Umweltprobleme auch.

Es waren und sind oft einzelne Persönlichkeiten, wie der Architekt Caminada in der Schweiz, die das Potenzial und die Grenzen eines Ortes zu erkennen vermögen und es reichen ein paar, um mit Ideen oder Mitteln etwas entstehen zu lassen, was über Jahrhunderte trägt. Wichtig ist, dass solche Katalysatoren nicht vertrieben werden.

8

ZWISCHEN BERGELL UND BERNINA

Paul Cézanne

„Schau Dir dieses Gebirge an! Welcher Elan!
Welch gebieterische Gier nach Sonne!
Und welche Melancholie, am Abend, wenn all die Schwere herabfällt!
Die Felsblöcke, die wie aus Feuer waren ...“

DIE ALPEN ALS EUROPÄISCHE TOURISMUS-REGION

Mit dem beginnenden Massentourismus vor 50 Jahren entstanden Infrastrukturen, neue Wirtschaftsformen und Zuwanderung. Dort, wo Winter- und/oder Sommertourismus erfolgreich blieben, wuchs die Bevölkerung signifikant. Das Bild der Alpen wandelte sich wie nie zuvor. Nicht überall in den Alpen aber hat sich der Tourismus als tragende Wirtschaftsform durchgesetzt. Große Flächen an der Alpensüdseite sind inzwischen sogar menschenleer, einigen urbanen Zonen hoch oben in den Bergen droht der Kollaps. Nur dort, wo es gelungen ist, Tourismus, Landwirtschaft, Umwelt und Gesellschaft im Einklang miteinander zu entwickeln, sind die Berggebiete überlebensfähig geblieben.

Als benachteiligter Raum gelten die Alpen heute nicht mehr. Ob es gelingen kann, die politisch fragmentierten Alpen als multifunktionalen Lebensraum zu retten, hängt nach meinem Dafürhalten auch von der Bereitschaft der Schweiz ab, der EU beizutreten. Denn nur der gemeinsame Alpenraum hat die Kraft, alpenweit Rahmenbedingungen einzufordern und ein starkes Selbstverständnis der alpinen Gesellschaft entstehen zu lassen.

<< Monte Disgrazia im Bergell.

< Sciora-Gruppe, Piz Badile im Bergell in der Schweiz.

St. Moritz im Engadin.

DIE MUSEALISIERUNG DES BRAUCHTUMS

Die Alpen als „Heidiland". Ein Klischee, dem viele Gäste verfallen, erlaubt es den Städtern die Alpen für ihre touristischen, wirtschaftlichen und politischen Zwecke zu instrumentalisieren. Damit aber werden die Alpen als eigenständiger Lebensraum weiter geschwächt. Früher, als mit der Agrargesellschaft in den Alpen auch der Erzabbau, die Salzgewinnung und der Saumverkehr verbunden war, zeichnete sich die alpine Lebenswelt durch hohe Vielfalt aus und der Mensch passte sich der Natur dauernd an.

Mit der Globalisierung nun schwinden nicht nur regionale Eigenheiten und frühere Nutzungsformen, sondern vor allem die Notwendigkeit, sich der Natur unterzuordnen und anzupassen. Ohne Kenntnis der eigenen Vergangenheit und der in Jahrhunderten gewachsenen Erfahrung im Umgang mit einem Tal, einer Hochfläche oder einem Hang entstehen mancherorts jene industriellen Nutzungs- und Siedlungsformen, die die Alpen zum Ergänzungsraum der nahen Städte machen. Damit wird die alpine Kulturlandschaft zuletzt austauschbar, ihrer regionalen Einmaligkeit beraubt, sie wird zum „Heidiland".

Bergbauernhof im hinteren Ultental, Südtirol.

Piz Bernina und Piz Morteratsch, Berninagruppe, Schweiz. >

Biancograt mit Piz Bernina. >>

„Jede Generation hat die Chance, die Alpen mit neuen Inhalten zu füllen."

Reinhold Messner

DIE INDUSTRIE IN DEN ALPEN KRISELT

Industriebetriebe in den Alpen, einst in der Nähe von Erzvorkommen oder Wasserkraftwerken entstanden, haben ihren Standortvorteil inzwischen vielerorts verloren: Wegen zu langer Lieferwege, der Konkurrenz aus Asien, der verteuerten Arbeit, dem Mangel an Fachkräften in der Peripherie und anhaltender Bürokratisierung Europas.
Auch in Zeiten wirtschaftlicher Rezession aber können Industrieunternehmen in den verkehrsgünstig gelegenen Durchgangstälern oder Zweigbetriebe in Sacktälern erfolgreich sein, allerdings nur Industriezweige, die Ressourcen – Holz, Wasser, Kristalle – und Knowhow – Seilbahntechnik, Pistenfahrzeuge, Schneekanonen – aus den Alpen nutzen können. Auch landwirtschaftliche Produkte, die vor Ort veredelt werden, bleiben konkurrenzfähig. Alpenspezifische Produkte sind oft sogar wettbewerbsfähiger als ähnliche Güter aus dem Einzugsbereich der Ballungszentren. Die nötige Flexibilität und Innovationskraft vorausgesetzt, haben Unternehmen mit einer starken regionalen Identität in den Alpen auch in Zukunft Vorteile und damit Chancen.

<< Der zerrissene Roseggletscher in der Berninagruppe.

< Biancograt.

Piz Palù in der Berninagruppe.

Churfirsten mit Walensee in den Appenzeller Alpen. >

„Einst gab es eine Reihe metallverarbeitender Betriebe in den Alpen. Meist zwischen Fels und Wald angesiedelt, wo Holz und Erze nebeneinander zu finden waren.“

Reinhold Messner

9

ORTLER UND ÖTZTALER

Emile Javelle, 1876

„Als unsere wilden Vorfahren von dem Urwaldboden Besitz ergriffen, auf dem sich jetzt unsere Städte und unsere Felder ausdehnen, da errichteten sie, wenn sie auf eine Höhe gelangten, einen Steinmann, einen „cairn“, wie die englischen Alpinisten sagen, die dieses alte keltische Wort bewahrt haben.“

< Berghof in der Texelgruppe, Südtirol.

Soglio im Bergell und Dorfgasse (Schweiz).

Herbststimmung unterhalb von Soglio. >

„In Südtirol haben viele Orte ihre Ursprünglichkeit bewahrt.
Wie das Zieltal oberhalb von Partschins.
Soglio im Bergell ist auch deshalb bekannt und touristisch erfolgreich geblieben, weil es sein Gesicht bewahrt hat.“

Reinhold Messner

MIT AUGENMASS UND HANDGEFORMT

Die vorindustrielle Nutzung der Alpen geschah mit Augenmaß und mit Hand. Die alpine Kulturlandschaft erscheint uns deshalb „handgemacht“, nirgendwo geradlinig. Sie ist auch nicht klar getrennt vom alpinen Ödland, das erst die Tourismusindustrie zu nutzen beginnt. Im Gegensatz zum Älpler, dessen Augenmerk auf den nutzbaren Teil der Alpen lag – Felsen, Kare, Gletscher, Schluchten sind für ihn ein zu meidender Gefahrenraum – zielt der Tourist genau dorthin. Sein Blick ist auf die bizarre Welt oberhalb der Waldgrenze gerichtet.

Der Massentourismus heute wirbt mit der Einmaligkeit dieser alpinen Landschaft, die aber nur in der Summe aus Kultur- und Naturlandschaft eine Harmonie ergibt, weil diese beiden Welten natürlichen Maßstäben entspringen. Nur dank bäuerlicher Waldnutzung, gepflegter Alm-, Wiesen- und Ackerflächen und dem richtigen Maß bei der Erschließung der Talböden, bleiben Nutzung und Schutz sichtbar gewährleistet. Die Felsen und Eisfelder darüber sind nicht nur Kulisse. Vielleicht erscheint dem Gast das kurzzeitige Vorstoßen in die Hochgebirgsregion nur deshalb faszinierend und möglich, weil er zurückschauen kann in jene handgestaltete Ordnung, die ihn unten wieder aufnimmt.

DIE ALPEN ALS FREIZEITREGION

Im 21. Jahrhundert prägen Verkehr, Tourismus und Naturschutz das Bild der Alpen. Nicht mehr die direkte Nutzung der Ressourcen – Bergbau, Landwirtschaft, Wasserkraft – die indirekte Nutzung steht im Mittelpunkt. Die Alpen sind so zum Symbol für Ödland, Natur und Freizeitraum geworden. Der zuvor nutzlosen hochalpinen Zone wird plötzlich ein größerer Wert gegeben als dem bewirtschafteten Raum. Und weil die Ballungsräume Europas mit der Industrialisierung mehr und mehr unter Umweltbelastung und Aggression leiden, wird die Peripherie Europas zum Naturschutzraum stilisiert. So kompensiert die Politik die Umweltzerstörung in ihren Hauptstädten. Ist es doch populär, die Erhabenheit der Alpen zur Ruhezone zu erklären.

An besonders stark frequentierten Standorten setzt somit eine touristische Verstädterung ein – am Berg und im Tal. Das Hochgebirge, obwohl vielerorts geschützt, wird zum Tummelplatz für Freizeitsportler. Der erste Skilift 1935 leitete den modernen Wintersport ein, der Gletscherskilauf war die Folge. Inzwischen dient die Landschaft oft nur noch als Kulisse.

< Presanella mit der Brenta im Hintergrund.

Piz Buin in der Silvretta.

< *Der Ortler von Norden gesehen.*

Es ist das Wie der Tierhaltung, das Fleisch- und Milchqualität bestimmt, nicht die Ohrmarke.

Yaks, die Hochlandrinder aus Tibet, sind ideale Landschaftspfleger für hohe, karge Almböden.

„Für Rahmenbedingungen wie zu Maria Theresias Zeiten verzichte ich auf alle Subventionen für die Berglandwirtschaft."

Reinhold Messner

DER FLUCH DER SUBVENTIONSWIRTSCHAFT

Die Bauern in den Alpen sind heute in die europäische Nahrungsmittelproduktion integriert. Die allerwenigsten sind Selbstversorger geblieben. Und weil vor allem die Bergbauern benachteiligt sind im Vergleich zu den landwirtschaftlichen Betrieben im flachen Land – Steilheit der Felder, verkürzte Vegetationszeit wegen der Meereshöhe, geringere Flächenerträge – bekommen sie Ausgleichszahlungen vom Land, vom Staat oder/und der EU. Trotz dieser Subventionen und der Produktivitätssteigerung ob des systematischen Einsatzes von pharmazeutischen, biologischen und chemischen Mitteln sind sie nicht konkurrenzfähig. Mit der agrarindustriellen Landwirtschaft, die übrigens von der EU am stärksten subventioniert wird, kann keine Bewirtschaftungsform des alpinen Raumes mithalten. Umgekehrt sind die Bergbauern in der Summe, weil sie teuere Maschinen halten, Futtermittel zukaufen und sich auf einige wenige Produkte spezialisiert haben – Milch, Obst, Fleisch, Gemüse –, Teil einer Produktionskette geworden, die im globalen Wettbewerb steht – eine Sackgasse! Weil mit der Bergbauernförderung aber das eigenverantwortliche Wirtschaften verschwindet, scheinen auch jene Freiheiten verloren, die sich alpine Gesellschaften früher immer wieder zurückerobert haben: Die politische Verantwortung der Älpler für den Alpenraum und die Selbstbestimmung des Einzelnen sind längst verspielt.

„Niemand soll glauben, dass der Stress und die Angst der Tiere, die diese vom Bauernhof bis zum Schlachthof erleiden, sich nicht im Fleisch manifestiert."

Karl Ludwig Schweisfurth

„Die alpinen Massenvereine sind zu Dienstleistern verkommen, die Versicherungs-, Absicherungs- und Versorgungsgarantien übernehmen – die Älpler gehören zur Kulisse.“

Reinhold Messner

<< *Pizzo Tresero in der südlichen Ortlergruppe, Trentino.*

< *Das Weißkugel-Massiv in den Ötztalern (Panoramaaufnahme).*

Der Similaun-Gipfel in den Ötztaler Alpen.

„Die Similaun-Nordwand, in meiner Kindheit noch eine reine Eiswand, wird bald ein Schutthang sein.“

Reinhold Messner

< Die Passstraße am Stilfser Joch könnte eine ideale Biker-Route sein, wenn die Pkws ausgesperrt würden.

< St. Kathrein bei Hafling mit der Texelgruppe im Hintergrund.

Sommerskilauf auf dem letzten Eis am Stilfser Joch. >

„Lentius, Profundius, Dulcius"

Alexander Langer

DIE ALPEN ALS RÜCKZUGSRAUM FÜR STÄDTER

Heute schon werden die Voralpen von lärm- und feinstaubgeplagten Städtern als erweiterter Wohnraum genutzt. Dazu verlegt die arbeitsteilige Wirtschaft Teilfunktionen in die verkehrstechnisch günstig gelegenen Alpentäler. Und nicht zuletzt wird der Umweltschutz ins Hochgebirge verlegt, dorthin, wo er die Massen aus den europäischen Zentren nicht stört. So werden die Alpen zum Entsorgungsraum für Probleme, denen man in den Ballungsräumen hilflos gegenübersteht.
Die Folge: Verkehr und Verstädterung in den Alpen nehmen zu; das soziale und ökologische Gleichgewicht der alpinen Gemeinschaften nimmt ab; die Erhaltung ihres ureigenen Lebensraumes, ihre kulturellen Traditionen sowie ihre Lebensformen gehen verloren. Der deutsche Alpenverein sieht zu.
Natürlich bedeutet Verkehr auch Leben; gleichzeitig aber zerstört er Leben. Vor allem in den engen Alpendurchgangstälern. Nicht nur Lebensqualität, auch Erholungspotential und Wirtschaftskraft schwinden damit.
Wenn den Alpen zuletzt nur die Verkehrsbelastung bleibt – almwirtschaftliche Nutzung, Abbau von Bodenschätzen, Waldnutzung, Verarbeitung lokaler Rohstoffe tragen nicht mehr – schwindet auch der Tourismus. Von der Nutzung der Wasserkraft und vom Handel allein – einst beschwerlich und mit zahlreichen Arbeitsplätzen verbunden – kann keine Region leben. Entschleunigung, Innerlichkeit, Besinnlichkeit täten gut.

„Es ist überlebenswichtig, in den engen Alpentälern strikte Verkehrslimits einzuführen und auf ein Gleichgewicht zwischen den Alpentransversalen zu achten!"

Konrad Bergmeister

„Gebt den Bergbauern die Verantwortung für die Alpen zurück, die sie seit vielen Generationen getragen haben."

Reinhold Messner

Bauernhof-Ruine im oberen Vinschgau, Südtirol.

Einödhöfe am Sonnenhang, Osttirol.

Sarntal,
Richtung Bozen.

Mölten am Tschöggelberg,
Ifinger und Hirzer im Hintergrund.

„Wenn Lebensräume als Freiräume aufgefasst und mit den modernen Mitteln der Verwaltung, des Geldes und der wissenschaftlichen Durchdringung erschließbar werden, sind sie ihres Schutzes beraubt und damit ihrer Zerstörung preisgegeben."

Sigmar Groeneveld

Schloss Juval mit Blick auf die Ortlergruppe (Hasenöhrl und Laaser Orgelspitze). Darunter die begradigte Etsch im mittleren Vinschgau.

Eisack, Bahntrasse und verstopfte Autobahn im Südtiroler Eisacktal. **>>**

„Wenn am Brenner nach der Eröffnung des Brenner Basistunnels im Jahre 2022 der Schwerverkehr von der Autobahn auf die Schiene verlagert wird, sollte auch der Vinschgau verkehrsberuhigt werden und die Lebensqualität vor Ort steigen."

Konrad Bergmeister

„Sollen wir warten, bis neue Technologien, zum Beispiel die Brennstoffzelle, wenigstens Teile der großen Probleme lösen, die wir mit dem Transitverkehr in den Alpen haben, oder sollen wir nicht jetzt besser mit dem Instrument der Kostenwahrheit den Schwerverkehr in den Alpen zumindest teilweise von der Straße auf die Schiene zwingen?"

Reinhold Messner als EU-Abgeordneter

Dr. Ing. Konrad Bergmeister
Verkehrsexperte

Mobilität im Alpenraum am Beispiel Brennerpass

Es geht nicht an, dass die Verkehrsminister des Alpenbogens sich treffen und dabei über den Handlungsbedarf beim prekären Alpenverkehr sprechen, dass Verkehrsprotokolle der Alpenkonvention unterschrieben werden, aber alles beim Alten bleibt. Es müssen konkrete Maßnahmen getroffen werden, nicht morgen, sondern jetzt! Geht die Entwicklung so weiter, erreichen wir in 20 Jahren eine Mobilität von etwa 800–1000 Fahrzeugen pro 1000 Einwohner. Unvorstellbar! Wie aber kann man die Mobilität des Einzelindividuums begrenzen? Wer hat das Recht, die individuelle Mobilität einzuschränken? Umgekehrt: wir alle haben das Recht auf einen gesunden Lebensraum. Er darf nicht auf Kosten der individuellen Mobilitätsrechte zerstört werden. Beziehen wir diese Frage auf die engen Lebensräume der Alpen, dann dürfen einzelne Täler nicht den Verkehrsinfrastrukturen geopfert werden! Der Schwerverkehr soll künftig also möglichst unterirdisch verlaufen. Dazu braucht es auch funktionale Korridore, welche den Alpenbogen in Nord-Süd-Richtung unterqueren. Die derzeitigen Verkehrsinfrastrukturen, welche großteils oberirdisch verlaufen, sollten künftig primär dem Personentransport dienen.

Im Alpenraum war der Brenner immer schon ein begehrter Verkehrsweg. Heute führt eine Autobahn mit einem derzeitigen maximalen Transportvolumen von etwa 45 Mio. Nettotonnen Gütern und etwa 5 Mio. Fahrzeugen pro Jahr über den Brenner. An Spitzentagen sind das 35.000 Pkws, dazu über 7000 Lkws. Steigt der Verkehr in einem prognostizierbaren Verhältnis auf Basis der vergangenen Jahre, erreicht die Wirtschaft und individuelle Mobilität ihre Grenze!
Eine Trendumkehr kann nur durch eine neue Eisenbahn mit einem Basistunnel erreicht werden. Der geplante Brenner Basistunnel – durch den zwischen 25 und 50 Mio. Nettotonnen an Gütern (theoretisch sogar 75 Mio Nt.) abgewickelt werden können – ist ein Teilstück der neuen Eisenbahnlinie München–Verona bzw. Berlin–Palermo. Ist eine solche neue Eisenbahnachse sinnvoll? Ja, wollen wir den Lebensraum in diesen engen Bergtälern – Wipp- und Eisacktal – retten bzw. bewahren. Dazu gehört langfristig auch eine effiziente neue Eisenbahn mit einem Basistunnel und den entsprechenden Zulaufstrecken, welche in Nordtirol im Jahre 2012 fertig gebaut sein wird. Die südliche Zulaufstrecke muss ebenfalls unter den Berg.

< Gossensaß
im oberen Eisacktal mit
Brennerautobahn.

Idylle unter der Santnerspitze.

Almhütte auf der Seiser Alm
mit Langkofelgruppe, Dolomiten.

Der Gipfel der Königspitze
und Cevedale. Dahinter ragen
die Brenta-Dolomiten auf. >

10

DOLOMITEN

Stephan Steinberger, 1854

„Denn überall, wohin das Auge blickt, sieht es nur nackte, kahle Wände und ein weites Feld des Todes, von Pflanzen, Tieren und Menschen unbewohnt, gleichsam ein Stück Polarland mitten in das Herz Europas versetzt."

<< Rosengarten mit Vajolettürmen in den Dolomiten von Norden gesehen.

Hoch über den Tälern (Mendelkamm, Tschöggelberg) in Südtirol. Im Hintergrund immer die Dolomiten.

„Bauernstolz nur wird die Bergbauern dauerhaft im Gebirge halten. Denn dieser Bauernstolz ist nichts anderes als das Selbstverständnis, zum Gebirge zu gehören."

Reinhold Messner

„Über den gesamten Alpenbogen werden derzeit etwa 180–200 Mio. Nettotonnen jährlich transportiert. Nach der Eröffnung und Wirksamkeit der unterirdischen Alpentransversalen (Lötschberg, Gotthard, Brenner) sollen davon nur mehr maximal 25 %, also maximal 50 Mio. Nettotonnen, auf der Straße transportiert werden."

Konrad Bergmeister

VERKEHRSPROBLEMATIK

Der Verkehr in den Alpen hat in den vergangenen 50 Jahren dramatisch zugenommen. In jeder Hinsicht – ja sogar an den Klettersteigen. Der Transitverkehr wird aber mit der Hochgeschwindigkeitsbahn in tiefgelegten Tunnels eine weitere Beschleunigung erfahren und der touristische Individualverkehr verstopft in der Hochsaison Transitrouten sowie Passstraßen. Die Güterwege, die notwendigerweise fast jede Hofstelle und zahlreiche Almen erschließen, werden leider nicht nur von den Anrainern genutzt.

Trotzdem, die Verkehrsinfrastruktur, deren Erhaltung in den Alpen sehr teuer ist, bleibt auch in Zukunft als Voraussetzung für eine erfolgreiche lokale Wirtschaft unverzichtbar. Ohne Mobilität will und kann niemand am Berg bleiben. Dementsprechend groß ist auch das lokale Verkehrsaufkommen. Dazu kommt der Transitverkehr.

Nur wenn es gelingt, den Schwerverkehr von der Straße auf die Schiene zu zwingen, wenn unsere Gäste ihre Autos nach der Anreise für den Rest ihrer Ferienzeit abstellen, der Tourismusverkehr in und zwischen den Dörfern, über Passstraßen und zu Sehenswürdigkeiten mit Shuttlediensten garantiert wird, kann es die allseits gewünschte Verkehrsberuhigung geben. Fremdenverkehr wird erst effizient, wo er zum Stillstand kommt.

<< *Das hintere Tiersertal mit der Rosengartengruppe im Abendrot.*

< *Sass Pordoi in der Sellagruppe.*

< *Kletterer am Pisciadù-Klettersteig, Sella.*

„Der Brenner Basistunnel macht vom energetischen Standpunkt aus Sinn. Zusätzlich kann bei einer Verlagerung des Schwerverkehrs von der Straße auf die Schiene der Lärm um ca. 80 % reduziert werden."

Konrad Bergmeister

„Während der Rückzug der Gletscher in den Alpen direkt sichtbar ist, bleiben die Änderungen in der Permafrostverbreitung dem Auge weitgehend verborgen."

Stephan Gruber

Der Pflerscher Tribulaun in den Stubaier Alpen ist wegen seiner Lage am Rande des Eisacktales besonders lärmgeplagt (Autobahn) und verwitterungsanfällig (Permafrost).

„Es ist jammerschade, dass die Berglandwirtschaft in den südöstlichen Dolomiten zusammengebrochen ist. Dort, wo die gewaltigsten Dolomitenstöcke aufragen, ist nur noch Wald oder Ödland.“

Reinhold Messner

BERGTOURISMUS UND BERGLANDWIRTSCHAFT ALS SEILSCHAFT

Aus dem romanischen Teil der Alpen ist die traditionelle Landwirtschaft seit Jahrzehnten fast vollständig verschwunden. Noch sieht das erfahrene Auge der Kulturlandschaft in den italienischen und französischen Alpen die einstige Struktur zwar an, bald aber wird sie unter Sträuchern, Verwitterung, Dürre verschwunden sein. Damit ist auch jenes Potential dahin, das allen Eingesessenen ein Auskommen und den Gästen eine faszinierende Landschaft geboten hätte.

Ob die germanische Form der Berglandwirtschaft im globalisierten Markt mit Gentechnologie und weltweit operierenden Nahrungsmittelkonzernen überleben kann, ist nicht zuletzt vom Selbstverständnis der Bauern und einem radikalen Strukturwandel abhängig: Denn nur wenn sich Touristiker und Bergbauern zusammentun, sehe ich langfristig eine Zukunft für die Alpen. Beide Sparten sind zuletzt von einer intakten Kulturlandschaft abhängig.

In die französischen Tourismusgebiete sind inzwischen da und dort junge Leute zurückgekehrt, die im Haupterwerb extensive Viehwirtschaft betreiben. In Gunstlagen und in Regionen mit flächendeckendem Tourismus hat die Berglandwirtschaft also eine neue Chance, wenn sie lokale Märkte aufbaut und sich als unentbehrlichen Teil der Region versteht. Dort aber, wo Tourismus nicht entstehen konnte, weil die Landwirtschaft aufgegeben worden ist, werden wir eine vollständige Entsiedelung hinnehmen müssen.

Almhütten auf der Sennes, Pragser Dolomiten.

„Es haben diese kleinen Häuschen
in den Bergen, die von Gletschern umstarrt,
von rauschenden Wässern umwogt werden,
immer etwas Ergreifendes für mich."

Ludwig Purtscheller, 1882

Die Vajolettürme
über dem Gartl im Rosengarten.

Die Drei Zinnen in den Sextner
Dolomiten (Panoramaaufnahme). >

Cima Tosa und
Crozzon di Brenta. >>

DIE MENSCHHEIT VERZWERGT

In der König-Laurin-Sage, die im Rosengarten in den Südtiroler Dolomiten spielt, ist von Zwergen im Schatten einer großen Macht die Rede. In Zukunft werden die Alpen die Menschheit noch kleiner erscheinen lassen als den Zwergenkönig Laurin. Es wird ums Wasser, den Boden, den Schnee gehen. Angesichts einer globalen Erwärmung mit Gletscherschwund und Trockenheit, mit erhöhter Erdrutschgefahr und Steinschlag wegen Permafrostschwund, „dank" Monokulturen bis zur Waldgrenze und Zersiedelung im Tal wird der Mensch den Alpen immer hilfloser und kleiner gegenüberstehen. Die Älpler also sind es, die zuletzt verzwergen: Eine Ironie in einer Welt, die vorgibt, die Natur zu beherrschen.

< *Spalti di Toro mit Campanile di Val Montanaia, einem der eigenwilligsten Dolomitengipfel.*

Sass Songher als Monolith und Civetta als Wand der Wände.

„Wie irren sich die, welche uns bei Betreibung unseres Sports und der Liebe zur Gefahr nicht mehr die Liebe zu den Schönheiten der Natur zutrauen!“

Georg Winkler

Blick über die Marmolada-Gipfel zu den Südtiroler Dolomiten. In der Mitte die Langkofelgruppe.

„Die Kraft der Dolomitenlandschaft liegt in der Spannung zwischen grünen Tälern und den senkrecht darüber aufragenden Felsgestalten, die alle ihre ganz besondere Farbe, Form und Höhe haben. Als hätten sie Charakter."

Reinhold Messner

„Ein ganz spezieller Blickwinkel kann zwar Unverwechselbares suggerieren, die Nutzer mit ihren glücklichen Augen aber – ‚Südtirol, wie es niemand kennt.' ‚Das unbekannte Bayern.' ‚Wo nur die Schafe blöken.' – sind schon da gewesen."

Reinhold Messner

DAS TYPISCHE AN DEN ALPEN

Das Typische an den Alpen gibt es nicht mehr. Auch weil es keinen Ort in den Alpen mehr gibt, der genau so aussieht, wie wir uns die Alpen heute vorstellen. Leider, die Bilder, die wir von den Alpen im Kopf haben, entsprechen schon lange nicht mehr der Realität: Die Hotelfassaden, die blumengeschmückten Balkone nur noch Zierde; die Dreschmaschine vor der Ferienwohnung wird nicht mehr gebraucht und das Ochsengeschirr, das wie die Schweinsblase als Leuchtkörper dient, ist Kitsch.

Alles ist eigens für den Tourismus inszeniert, die Landschaft beliebig verbaut. Mit Slogans wie „Von Hütte zu Hütte", „Fjord-Urlaub am Königssee", „Sulden, Klein-Tibet in den Alpen" wird ein Bild über die Alpen gestülpt, das dieses Gebirge aus dem engen europäischen Rahmen in eine Weltläufigkeit heben soll, die Allerweltstouristen anzieht: Mit Sushi-Bar auf der Zugspitze, Pizza-Ofen im Eishotel und Tina-Turner-Konzert in Ischgl. All das könnte überall sonst auch sein. Wen wundert's, wenn Reisejournalisten titeln: „Die Alpen sind auch nicht mehr das, was sie mal waren."

< Noch werden die Almen in Südtirol, ob in den Sarntaler Alpen, in der Texelgruppe oder in den Dolomiten, beschickt. Diese Nutzung bedeutet gleichzeitig Landschaftspflege.

*Seiser Alm:
Nutzung im Winter.*

*Wintersport
auf der Seceda,
Grödental.
Im Hintergrund
der Langkofel.*

Dr. Ing. Konrad Bergmeister
Universitätsprofessor in Wien

Wissen und Wirtschaft

Damit die europäische Kultur sich innovativ entwickelt, müssen nicht nur die fachliche Kompetenz, die Verantwortungsbereitschaft und die Sprachkenntnisse vorangetrieben, sondern auch das Bewusstsein gebildet werden. Die Menschen in den Bergen bzw. im Alpenraum hatten in ihrer oft wenig vernetzten Welt eine starke Verwurzelung zu den Gesetzmäßigkeiten der Natur. Das führte auch zu einem Selbstbewusstsein innerhalb lokaler Gemeinschaften und Regionen, wo die eigene Identität gelebt wurde. Eine wesentliche Voraussetzung für Prosperität ist das Wissen als Innovationspotential. Die Schulen dürfen also nicht nur Informationen „verteilen", sondern die jungen Menschen müssen die Fähigkeiten zur Kritik, des Verstehens, der Kommunikation in verschiedenen Sprachen erlernen. Die Wirtschaft im Alpenraum sollte sich durch besondere Innovationen und Kreativität, durch eine regionale Kreislaufwirtschaft zwischen Tourismus, Landwirtschaft, Gewerbe und Handel auszeichnen. Alles kleinstrukturiert.
Im Alpenraum beschäftigen 70 % aller landwirtschaftlichen Betriebe 1–9 Mitarbeiter. Durchschnittlich liegt die Agrarquote bei 12 %. Vielfach liegen die landwirtschaftlichen Betriebe ausschließlich in Bergregionen. Milch- und Viehwirtschaft sind dabei die dominanten Betriebszweige. In den Tallagen findet man Obst- und Weinbau. Einen ganz wesentlichen Beitrag leisten die Bauern zur Erhaltung der Kultur- und Naturlandschaft. In 20 bis 30 Jahren wird das Land im Alpenbogen primär vom Tourismus (bedingt durch die schöne Landschaft), von kleinstrukturierten Handwerksbetrieben, von der Dienstleistung und von Industriebetrieben, welche nicht stark transportabhängig sind, leben. Die Landwirtschaft wird zurückgehen, wobei diese nur durch eine starke Vernetzung mit der lokalen Wirtschaft und damit einem direkten „ab Hofverkauf" vernünftig überleben kann. Der Vertrieb und Verkauf kann wirkungsvoll auch über Genossenschaften abgewickelt werden. Gerade die Kooperation von Tourismus und Landwirtschaft muss ausgebaut und diese wirtschaftlichen Beziehungen müssen möglichst vom Bürokratismus befreit werden. Die wesentlichen Pfeiler der zukünftigen Wirtschaftsentwicklung im Alpenraum sollte also ein den natürlichen und landschaftlichen Gegebenheiten angepasster, aber hoch qualifizierter Tourismus sein, die Landwirtschaft, das kleinstrukturierte Gewerbe und der Handel kommen dazu und die wissensorientierte Dienstleistung und daraus folgende transportarme Industrie.

< *Die Seiser Alm mit der Langkofelgruppe.*

Conturines im Naturpark Fanes-Sennes-Prags.

Misurina-See mit Cortineser Dolomiten.

„Der Straßenverkehr ist einer der Hauptverursacher von Emissionen. Etwa 25–30 % der im Alpenraum verursachten Kohlendioxid-Emissionen gehen auf das Konto des Verkehrs. Weiters geht man davon aus, dass etwa zwei Drittel des Treibhauseffektes durch Kohlendioxid verursacht werden. Auch aus diesem Grund ist eine Verlagerung des Warenverkehrs von der Straße auf die Schiene notwendig und der Individualverkehr mit Shuttlediensten zu reduzieren. Auch wenn dieser Prozess schwierig und schwerfällig ist."

Konrad Bergmeister

„Ich wage zu behaupten, dass überall dort in den Alpen, wo die Landwirtschaft aufgegeben wird und damit die Landschaftspflege nicht weiter garantiert ist, auch andere Wirtschaftsformen verschwinden werden. Am Ende bliebe, was die Natur zulässt.“

Reinhold Messner

STADTKULTUR UND BERGKULTUR

Europa braucht die Alpen weder als Wirtschaftsraum noch als Freizeitpark. Unverzichtbar sind sie höchstens als Trinkwasserreservoir und Energiespeicher. Wenigstens solange nicht alle Gletscher abgeschmolzen sind. Das ehemalige Hindernis Alpen muss auch nicht Transitraum bleiben, die Berge können in langen Basis-Tunnels unterfahren werden.

Trotzdem: Politiker und Umweltschützer wünschen den Alpenraum künftig neu aufgeteilt: Am Rande als qualitativ hochwertiges Wohngebiet genutzt und in der Mitte als Wildnis geschützt.

Die mehrere jahrtausendealte Nutzung der Alpen aber hat eine eigene Kultur hervorgebracht, die Bergkultur, die zum Erbe der gesamten Menschheit gehört. Wenn dieses Erbe weiterhin bestehen bleiben soll, gilt es, alle alpenspezifischen Tätigkeiten so miteinander zu kombinieren, dass die Nutzung der Alpen als Wirtschafts- und Lebensraum für alle Zukunft möglich bleibt. Verantwortung, auch Umweltverantwortung, übernehmen die Menschen ja nur, wenn ihr Wirtschafts- und Lebensraum eins sind. Kreativen Verantwortungsträgern muss es also gelingen, die Bergkultur weiterzuentwickeln, die Gefahren ihrer Region gemeinsam zu bannen und alle alpinen Wirtschaftsformen so zu modifizieren, dass diese Bergkultur gleichwertig neben der Stadtkultur bestehen bleiben kann.

BERGE WIRKEN POSITIV AUF KÖRPER UND GEIST

Es ist die Vielfalt der Natur – das ständig wechselnde Wetter und Licht, die vielen Düfte und das allerorten unverwechselbare Landschaftsbild – nicht die ausgefallensten Modeerscheinungen – ob Wellness, Hiking oder Walking –, die die Alpen zum Jungbrunnen machen. Dazu die vielen Geschichten.

Die gute alte Kur gibt es zwar nicht mehr, Höhenluft, Kräuter und Heilwasser wirken aber nach wie vor positiv auf den menschlichen Körper und Geist. Das Reizklima der Alpen mobilisiert Widerstandskräfte, fördert die Gesundheit und vertieft den Schlaf. Dazu kommt die Bewegung, die wieder Lebenslust weckt. Und das alles draußen, im Auf und Ab der alpinen Landschaft. Das Erlebnis Natur mit Wind, Regen- und Schneeschauern,

Wanderer in den Dolomiten.

Höhensonne und tiefem Durchatmen beugt Krankheiten vor und relativiert alles Alltägliche, sogar Hiobsbotschaften. Berge tun einfach gut. Viele Städter haben im 19. Jahrhundert Sommerfrische oder Bergferien gemacht, weil sie um den gesundheitlichen Nutzen eines Alpenurlaubs wussten. Werte wie Entschleunigung, Stille, Meditation gehörten damals zur Erholung im Gebirge wie gemeinsame Spaziergänge und Gespräche in der Hotelhalle. Dichter haben diesen Zustand beschrieben und ungezählte Sagen und Legenden erinnern an ein Märchenreich über den Wolken. Die traditionellen Ferien aber drohen einem Aktionismus Platz zu machen, der aus der Stadt kommt und in die Berge drängt – mit Lärm, Hektik und jener Oberflächlichkeit, die einen Zustand im Gleichgewicht nicht zulassen.

Mit dem Bike über den Paternsattel. Die Kleine Zinne im Hintergrund.

Biken in den Dolomiten ist auf entsprechenden Wegen eine großartige Sache.

Die Drei Zinnen vom Paternsattel gesehen. **>**

„In 50 Routen an den Wänden der Drei Zinnen lässt sich die Kletterentwicklung von 150 Jahren nachempfinden. Jeder Weg erzählt auch vom Charakter seiner Erschließer. Ein Wert, der mehr zählt als alle Rekorde.“

Reinhold Messner

Cortina mit Monte Cristallo.

Civetta und Pelmo vom Gipfel des Monte Rite gesehen, wo in einer Festung das „Museum in den Wolken" untergebracht ist.

Großglockner mit Gipfelkreuz. **>>**

„Am Monte Rite, südlich von Cortina, galt es, einer militärischen Anlage aus dem Ersten Weltkrieg einen neuen Inhalt zu geben. Deshalb stehen jetzt dort, wo einst Kanonen standen, millionenfach vergrößerte Kristalle aus Glas und Stahl. Sie sind den Dolomit-Kristallen nachgebaut."

Reinhold Messner

DIE MILITÄRISCHE BEDEUTUNG DER ALPEN

Der Alpenbogen, lange Zeit ein schier unüberwindliches Hindernis mitten in Europa, konnte leider nie – vom Teilstück Schweiz abgesehen – ein einheitliches Staatsgefüge werden. Auch weil absolutistische Herrscher die Wasserscheide des Alpenhauptkamms als „natürliche" Staatsgrenze missbrauchten und diese im Kampf um die Vorherrschaft beliebig hin- und herschoben. Dazu kommt der Bergbau, den die Herrscher für sich reklamierten.

Die Alpen waren nie eine politische Einheit. Aber es gab kulturell eine gemeinsame Basis. Die für das Überleben geschaffene Kulturlandschaft mit Ackerbau und Viehzucht bot über viele Jahrhunderte hinweg und alpenweit eine gemeinsame Grundlage des alpinen Wirtschaftens.

Dieses Kulturprodukt gilt es zu erhalten und mit neuem Inhalt zu füllen. Das Wissen um die Bedrohung durch die Natur, der Umgang mit den lokalen Ressourcen wie Stein, Holz und Wasser haben eine kleinräumige Kulturlandschaft entstehen lassen, zu nachhaltigem Wirtschaften angeregt und die alpine Architektur beeinflusst: Siedlungen, Wege, Passübergänge entstanden an sicheren Strecken, der Wald an steilen Hängen blieb als Lawinenschutz stehen. Auf diese kulturelle Leistung konnten später Handwerk, Handel und Tourismus folgen. Über die Alpenpässe und alle Grenzen hinweg.

11

GROSSVENEDIGER UND GROSSGLOCKNER

Marianne Klemun

„Die Setzung des Kreuzes ist wie der Schritt auf den Gipfel ein Eroberungsakt, der als Demonstration von Hoheit zu verstehen ist."

„In den vergangenen Jahrzehnten nahm die Gewohnheit, Gipfelkreuze zu errichten, ständig zu. Die Unsitte, jeden Gipfel der Alpen mit einem Gipfelkreuz zu ver(un)zieren nahm überhand. Der ÖAV spricht sich dafür aus, dass grundsätzlich keine neuen Gipfelkreuze mehr errichtet werden.“

ÖAV

<< Großglockner-Hochalpenstraße.

< Watzenspitze in den Ötztalern.

Venter Wildspitze mit Gipfelkreuz.

Stubaier Alpen mit
dem Gipfel des Habicht.

„Die Gletscher in den Alpen werden wir weder mit Zudecken aus Plastik, noch mit Beten retten können. Vielleicht besinnen wir uns in dieser Krise auf Werte, die den Bergen seit jeher innewohnen: Stille, Einsamkeit, Größe. Es gilt die Langsamkeit und das Steigen auf zwei Beinen wieder zu entdecken."

Reinhold Messner

„Sportler, die mit High-Tech-Geräten durch die Alpentäler biken, paddeln oder fliegen, nehmen die vermodernden Stadel im landwirtschaftlichen Grün wohl nicht als Zeichen des Untergangs wahr."

Reinhold Messner

Wildwasser, Almwiesen, Kletterfelsen laden zur Aktivität ein. Es gilt dabei immer auch die lokale Kultur zu respektieren.

„Die regionale Kreislaufwirtschaft, basierend auf Innovation und Kreativität, wo spezifisch verkehrsarme Gewerbe- und Handelsbetriebe gemeinsam mit der Landwirtschaft einen authentischen Tourismus, speziell einen Bergtourismus, entwickeln, kann qualitativ zur Wertschöpfung im Alpenraum beitragen.“

Konrad Bergmeister

WASSERHAUSHALT

Die Alpen werden als Wasserschloss Europas eine immer größere Bedeutung bekommen. Der Bedarf an Energie aus Wasserkraft, Trink-, Brauch- und Bewässerungswasser in und aus den Alpen wird stark zunehmen. Vor allem, wenn es zur prognostizierten Klimaveränderung mit Erderwärmung und Niederschlagsarmut in den Alpen kommen sollte. Unser Wasser wird wohl zur wichtigsten Ressource dieses Jahrhunderts. Und wieder werden Politiker aus alpenfernen Ballungsräumen darüber entscheiden, wie diese wichtige Ressource verteilt, genutzt und verwaltet werden soll.

Die Nutzung der schwindenden Gletscher für den Massentourismus – Skilauf und Großevents zum Beispiel – wird mit kontinuierlichem Schwund der Eismassen immer problematischer, auch weil mit der Verschmutzung der Gletscher das Trinkwasser gefährdet ist.

Die künstliche Beschneiung, die inzwischen zum Standardangebot des Skitourismus gehört, ist weniger problematisch, wenn ohne chemische oder biologische Zusätze gearbeitet wird. Kunstschnee aus Luft und Wasser, natürlich nur, wenn dieses zur Genüge vorhanden ist, kann wie einst die Gletscher den Wasserhaushalt zwischen Frühjahr und Sommer ein wenig ausgleichen.

„Im Zeitalter des Pistenalpinismus werden allerorten Kletterrouten, Klettersteige, Gletscherpfade und Wanderwege eingerichtet. Wie – seit bald einem Jahrhundert schon – die Skipisten auch.“

Reinhold Messner

< Alpine Kunst-Landschaft.

Skipisten am Olperer in den Zillertaler Alpen.

Der Großvenediger. >

Großglockner.

„Bei diesen Alphütten wurden wir schon kräftig erinnert, daß wir der Eiswelt nahe waren: die Gletscher hängen in gigantischen Formen von den Gewänden in das Tal herab, und der weltalte Venediger schiebt seine Eisfüße in das Tal."

Ignaz v. Kürsinger, 1841

„Wie lange noch.“

Reinhold Messner, 2007

*Der Großglockner
im ersten Morgenlicht.*

„Es sind vor allem auch die Ski- und Kletterhallen in den Städten, die das Bild von den Alpen verändert haben. Mit dem Sportklettern wird das Bedürfnis in die Berge getragen, allerorten sichere Spielräume für Sportler zu finden, die jedem Risiko aus dem Weg gehen."

Reinhold Messner

WINTER- UND SOMMERTOURISMUS

Der Wintertourismus hat in den Alpen in den dreißiger Jahren begonnen und überholte fünfzig Jahre später vielerorts den Sommertourismus. Damit einher geht ein verändertes Freizeitverhalten. Die Natur wird nicht mehr bewundert, sie wird jetzt genutzt. Aktion und Spaß treten an Stelle von Anstrengung und Kontemplation, die Hänge sind zu Pisten geworden, die Landschaft darüber wird als Kulisse wahrgenommen.
Auch die Tourismusorte veränderten sich. Im ländlichen Raum sind allerorten idyllische Dörfer mit holzverschalten Häusern und schlossartigen Hotelburgen entstanden. Tradition, Ruhe und Gemütlichkeit werden darin nur vorgetäuscht, Ländlichkeit wird suggeriert. Alles – vom Parkplatz im Dorf über die Einkaufszeile und den Musikpavillon – ist dem Tourismus untergeordnet. Funktionalität ist als Heimeligkeit der Hinterwelt verkleidet. Mit dem Schneemangel im Winter entstehen immer neue Modesportarten – zu Lande, in der Luft, im Wasser, am Fels, im Eis –, eine Form des Konsums, der die Spielmöglichkeiten am Sportgerät Berg mit Hilfe von Infrastrukturen aller Art nutzt. Der Alpen-Sommer hat mit dem Alpen-Winter wieder gleichgezogen.

„Der Ansturm auf die stadtnahen
Berggebiete – ob Voralpen
oder Zentralalpen –
ist besonders an Wochenenden
eine Belastung für die Alpen.“

Reinhold Messner

< Wiesbachhorn.

< Silvretta-Stausee.

< Großvenediger.

Rote Wand in den Lechtaler Alpen.

12

NÖRDLICHE KALKALPEN

Bernhard Heindl

„Während die Politiker lautstark „unsere" Bauern für unverzichtbar erklären, sind diese von den Agrarwissenschaften längst zum Tode verurteilt worden und werden von der Agrarindustrie am laufenden Band ökonomisch erledigt."

„Wenn ich nur das machen würde, was in landwirtschaftlichen Lehrbüchern steht, müsste ich verhungern."

Sepp Holzer

<< Steile Welt: Kaisergebirge.

<< Typischer Bergbauernhof mit Weide, Wald und Almflächen in Südtirol.

< Roggalspitze in den Lechtaler Alpen.

Wie eine Kanzel steht der Predigtstuhl im Wilden Kaiser über den tirolischen Alpentälern.

„Das Lemmingverhalten
breiter Bevölkerungsschichten
führt zum Kollaps unseres
Gesellschaftssystems."

Sepp Holzer

„Der Berg ist ein unerbittlicher Gebieter für den, der unter seinem Gesetz leben muß. Ich muß gehorchen!“

Hermann Buhl, 1954

Karwendel mit Almen und Laliderer Wänden.

DIE NATUR ERNEUERT SICH, PASST SICH AN

In den Alpen haben wir mediterranes, mitteleuropäisches und arktisches Klima. Dementsprechend vielfältig ist die Flora: 40 % der europäischen Pflanzenarten, fast 5000 an der Zahl, leben in den Alpen, also auf den drei Prozent der Fläche Europas. Die bäuerliche Kulturlandschaft ist dabei ein wichtiger Träger dieser Vielfalt. In verstädterten Regionen und auf der in „Wildnis" zurückgefallenen Natur schrumpft die Artenvielfalt wieder.
Eine Ausnahme bildet der Wald. Da seit Jahrzehnten mehr Holz nachwächst als geschlagen wird, überaltern die Bestände oder sie brechen ganz zusammen. Damit steigt zwar die Artenvielfalt, die Monokulturen hatte weichen müssen, allerdings leidet damit die ökologische Stabilität und die Schutzfunktion des Waldes.
Mit der Fauna ist es anders. Nachdem größere Raubtiere – Bär, Wolf, Luchs – in den Alpen fast ausgerottet worden sind, ist das Gleichgewicht der Wildbestände von der Hegejagd abhängig. Denn die Bergbauern protestieren verständlicherweise gegen die Rückkehr der Raubtiere, die sie einst ausgerottet haben, weil sie ihren Lebensraum bedrohten.

„Die Naturprozesse in den Alpen laufen so chaotisch und komplex ab wie andernorts auch. Jede Veränderung hat vielfältige Ursachen und Wirkungen. Jeder Eingriff des Menschen aber hat Folgen – manche sind irreparabel."

Reinhold Messner

„Das schönste Bild, das die Erde vom Paradies zu geben vermag, liegt in dem sanften Abhang von Matten, Gärten und Kornfeldern an der Seite eines großen Berges mit seinen purpurfarbenen Felsen und ewigen Schneefeldern darüber.“

John Ruskin

Hochalm in den Dolomiten.

Drusenfluh und Drusentürme im Rätikon (Panoramaaufnahme). **>**

< Schesaplana im Rätikon.

Blick vom Karwendel in die Zentralalpen.

„Der Kult, in neuerer Zeit Gipfelkreuze aufzustellen und zu gewissen Zeiten sogar Gipfelkreuzmessen abzuhalten, ist ein erbärmlicher Versuch, die Brutalität der zerstörerischen Entheiligung der Berge zu rechtfertigen."

Hans Haid

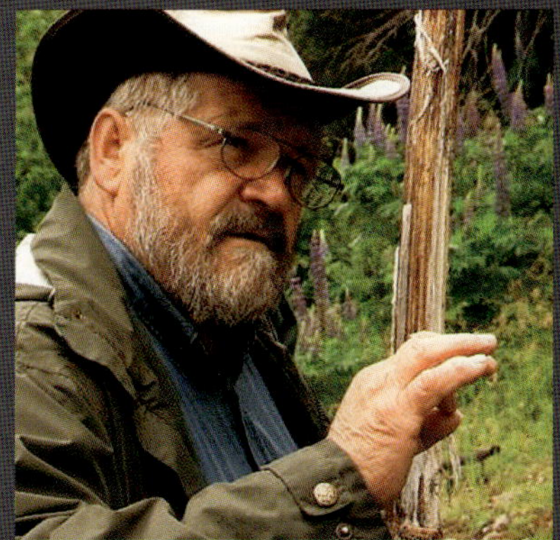

Sepp Holzer
Bergbauer und Berater

Der Bergbauer als Katalysator

Bergbauern sind meistens konservativ. Anders Sepp Holzer. Der Bauer vom Krameterhof im Lungau in Österreich ist ein Rebell und doch gleichzeitig auf Bewahrung, Nachhaltigkeit, Dauer aus. Bei ihm ist nichts mehr, wie es zur Zeit der Väter war und doch gilt er als der Erfinder der Permakultur, einem Streben nach dauerhaftem Gleichgewicht zwischen Mensch und Natur.

Es sind die Erkenntnis, dass die Rahmenbedingungen für die alpine Landwirtschaft nicht mehr stimmen, sein Wissen um die Zusammenhänge in der Natur, seine Forschung am eigenen Hof, sein Mut, klar und unmissverständlich zu sagen, was er denkt, die ihm Aussagekraft verleihen. Holzer hat über Jahrzehnte hinweg für eine andere Berglandwirtschaft gekämpft, was ihn zum lautstarken Sprecher einer Bergbauerngeneration gemacht hat, die – genährt von Subventionen, gegängelt von devoten Bauernvertretern und missbraucht als billige Landschaftspfleger – die Berglandwirtschaft in den Alpen in der Summe in die Nähe jener industriellen Nahrungsmittelproduktion getrieben haben, mit der die Bergbauern niemals konkurrieren können.

Holzer hat früh schon erkannt, dass die Bergbauern in der Sackgasse stecken. Und er ist ausgestiegen aus einem Kreislauf, der mit immer mehr Chemie, kostspieligeren Maschinen und Selbstausbeutung immer mehr produzieren muss.

Sepp Holzer hat sich – wie nur wenige Bauern vor ihm – zur Wehr gesetzt. Er ist dafür nicht gewürdigt, sondern geprügelt worden und er hat trotzdem weitergemacht und vielen anderen geholfen umzudenken. Auch hat er die Bürokratie aufgeklärt. Ob er die Landwirtschaft revolutioniert hat, bleibt offen, aber er hat wenigstens angeregt, im Einklang mit der Natur zu wirtschaften. Damit wurde er zum Feindbild von Beamten und auch Wissenschaftlern, die ihr Modell in Gefahr gebracht sehen und das „Phänomen Holzer" verteufeln, ohne zu prüfen, was er tut oder sagt. Ungezählte Menschen aber, die alljährlich zum

Krameterhof pilgerten, verehren ihn. Obwohl er in der eigenen Gemeinde weiterhin missverstanden wird, gibt er sein Wissen weiter. Der Ort Ramingstein wurde nicht als Ort der Revolte, sondern für die ökologische Landwirtschaft von Sepp Holzer bekannt.

Mit Oktober 2005 gab Sepp Holzer – der Schikanen müde – seine Lehrtätigkeit auf. Schade. Denn Sepp Holzers Wissen um die Berglandwirtschaft – ob es um Saatgut und dessen Vermehrung, die Vielfalt von Fauna und Flora, um Tierzucht oder Forstwirtschaft geht – ist am Berg gewachsen. Der Krameterhof, zwischen 1100 und 1500 Metern Seehöhe gelegen, im „Kälteloch Österreichs", war zum Unterschied zur umliegenden Gegend zu einer fruchtbaren Oase geworden. Alles dank Holzers Versuch, Nachhaltigkeit zu schaffen.

Die allermeisten Bauern vor Ort, die nicht abwandern, und das gilt für den gesamten Alpenraum, rechnen nicht. Sie handeln weder ökonomisch noch ökologisch. Sie versuchen ihre Höfe zu retten. Obwohl sie sich betriebswirtschaftlich nicht rechnen, machen sie weiter. Es sind soziale Gründe, die Familie meist, die Wohnqualität am Berg, und die Tradition, die sie oben halten. Viele nennen es Heimatliebe. Aber Felder und Wälder leiden weiter, weil Monokulturen und Intensivnutzung die Stabilität der Nutzflächen schwächen.

Warum nehmen so viele Bergbauern Nachteile hin, frage ich mich. Sie gehen einer zweiten Arbeit nach, die es ihnen erlaubt, Maschinen zu kaufen, die Frau und Kindern die Arbeit daheim erleichtern soll. Sie schinden und jammern – alles nur, um die Subventionen abzuschöpfen, die nie reichen werden?
Sepp Holzer hat keine Maschinen mehr. „Sie würden mich auffressen", sagt er. Pflügen lässt er die Schweine. Obwohl seine Vision von Permakultur und Tourismus, wo die Gäste ernten und essen, was die Natur hergibt, nicht zum Tragen kam, sein Modell wäre nachhaltig erfolgreich gewesen, hätte die Politik es erlaubt. Würde sie diese Wirtschaftsform nur gestatten – ohne Wenn und Aber und Vielleicht der Bürokratie.

Die Überlebenskunst der Bauern besteht heute vielfach darin, dass sie sich mehrere Einnahmequellen – Arbeit in der Holzwirtschaft oder Kunsthandwerk zum Beispiel – erschließen, verschiedene Tätigkeiten also so miteinander kombinieren – Schafzucht und Filzproduktion –, dass sie mit 80 und mehr Arbeitsstunden in der Woche über die Runden kommen. Indem sie sich selbst ausbeuten, subventionieren sie ihre Landwirtschaft auch selbst. Die Frage ist: wie lange noch?

Sepp Holzer pflanzt inzwischen in Schottland, Argentinien und Russland! Als Berater stellt er seine Erfahrungen zur Verfügung und kommt zurück auf den Krameterhof, wo fast alles wie aus sich heraus lebt. Er hat sich durchgesetzt – wenn auch nicht dort, wo er daheim ist.

Natürlich hätten alle Alpenbauern gemeinsam oder auch nur die Bergbauern einer Region die Kraft, sich zu wehren, ihr Schicksal zum Besseren zu wenden. Subventionierte Bauern aber agieren nicht politisch. Nicht auf regionaler und noch weniger auf überregionaler Ebene. Viel eher lamentieren sie vor dem Besucher aus der Stadt, der ihre archaische Form der Berglandwirtschaft als nostalgischen Blick in eine „frühere Zeit" genießt. Ja, so war es, als es die Industrialisierung noch nicht gab. Die beiden Welten, die sich dabei zu verbrüdern scheinen, stehen sich aber diametral gegenüber.

Die Berglandwirtschaft lässt sich ohne Bürokratieabbau und Extensivierung nicht modernisieren. Der meist zu große Maschinenpark – spezialisierte Maschinen für einen wenig effektiven Einsatz –, die Arbeitsintensität, die komplexe Erreichbarkeit der Höfe mit teurer Anlieferung und kostspieligem Abtransport der Güter, die niederen Marktpreise für landwirtschaftliche Produkte sind Handikaps, die unsere Berglandwirtschaft ad absurdum führen. Für die Landschaftspflege allein sind die gezahlten Subventionen weder genug noch zu rechtfertigen. Sicher, weitere Kosten für die ökologische Stabilisierung der Berggebiete kämen dazu, würden die Bergbauern gehen. Ohne einen eigenen Nutzen aber ist keine Kultur von Dauer.

Sepp Holzer hat seine Flächen stabilisiert und eine Wirtschaftsform gefunden, die sich trägt. Trotz geringer Erträge und all den Einschränkungen, die man ihm auferlegt hat, weil man sein Experiment abwürgen wollte, war er erfolgreich. Eine ungünstige Lage des Hofes kommt zu seiner Verteidigung noch dazu.

Wie dieses Beispiel zeigt, sind es fast immer einzelne Personen, die kreativ sind und aktiv werden, umgekehrt aber ist es oft die Gemeinschaft in Form von Verbänden oder Vereinen, die solche Innovationen von Einzelkämpfern zuletzt zu verhindern wissen. Auch meine Versuche, in Sulden und Juval in Südtirol, eine nachhaltige Berglandwirtschaft aufzubauen, wäre beinahe gescheitert. An bürokratischen Hürden. Wer will und kann als Bergbauer schon dauernd einen Anwalt bezahlen? Dabei bin ich fest davon überzeugt, dass die Verzahnung von lokaler Landwirtschaft und Tourismus ein Modell sein kann, das wirtschaftlich trägt, die lokale Kultur stärkt und damit die ökologische Stabilität vor Ort gewährleistet ist. Wenigstens für 10 % der Bergbauern käme diese Wirtschaftsform in Frage.

Mein Modell aber funktioniert nur, wenn die Bergbauern die Verantwortung für ihr Handeln zurückfordern und – je nach Marktlage – ihre Produkte in geschlossenen Kreisläufen und veredelt selbst vermarkten. Genau das, was einst ihr Selbstverständnis ausmachte, könnte ihre Rettung sein in einer globalisierten Welt, die austauschbar und schnell sein muss.

Wo, frage ich mich, ist der Stolz der Bergbauern geblieben, die ökologisch und wirtschaftliche Verantwortung tragen – in der Gemeinde, auf ihrem Hof, in ihrem Land – jene „Könige auf ihren Höfen", die in der Summe einst das Bild der Alpen prägten, wie die Berggipfel darüber auch. Warum eint sie niemand zum Kampf um Selbstbestimmung, den sie in Gruppen immer wieder geführt haben, um ihr Überleben, die Alpen und die Bergkultur zu retten. Die Stadtkultur nämlich, die die Entwicklung am Berg zurzeit bestimmt, kann die richtigen Antworten auf die Problemstellungen in den Alpen nicht haben. Mit ihrem Postkartenblick auf die Berge geht zuletzt auch jener „Playground of Europe" verloren, den sie seit der Industrialisierung romantisieren und für sich einfordern.

NATURKATASTROPHEN

Mit der globalen Erwärmung und dem Klimawandel, im Gebirge deutlicher zu spüren als im Flachland, häufen sich die Naturkatastrophen. Große Schäden sind die Folge.
Nun, einem Klimawandel ist die Alpenbevölkerung seit ihrer Existenz ausgeliefert. Heute aber fehlt vielfach die einst ausgeprägte Sensibilität allen Veränderungen gegenüber und die Bereitschaft, sich fehlertolerant an die neuen Umweltbedingungen anzupassen.
Intensivierung oder Aufgabe der Landwirtschaft, Versiegelung der Böden und Verbauung folgen in erster Linie wirtschaftlichen Überlegungen und weniger ökologischen. Dazu kommt eine Technikgläubigkeit, die wissen will, dass Wildbach- und Lawinenverbauungen, Bewässerung und Versicherung alle Schäden wenigstens ausgleichen kann. Die Umwelterfahrung, ein seit Jahrtausenden überlieferter Wert, zählt nicht mehr viel und eine neue Kultur, die Tradition und Moderne verknüpft, ist in den Alpen nie entstanden. Die Folgen sind oft fatal und die Schäden werden weiter ansteigen. Auch weil die globale Erwärmung mit Wassermangel und Wolkenbrüchen, Gletscherschwund und Artensterben erst begonnen hat. Die Natur gewährt uns keine Narrenfreiheit, aber in kleinen Schritten, mit dem Know-how der Väter ließe sich lernen, auch unter heutigen Voraussetzungen mit und nicht gegen den Wandel in den Alpen, zu überleben.

Erdrutsch im mittleren Schnalstal anlässlich einer Unwetterkatastrophe im August 1997.

„Unmittelbar darunter die im herrlichsten Wiesengrün prangenden Alpenmatten von Ramsau und Filzmoos, mit einzelnen Häusern und Alpenhütten übersät.“

Friedrich Simony, 1842

„Wie eine einzige Felswand eine Tourismus-Destination prägen kann!“

Reinhold Messner

Das Dachstein-Massiv mit der eindrucksvollen Dachstein-Südwand.

„Den jungen Menschen in den Alpen traue ich zu, dass sie sich ihren Lebensraum neu erfinden, ohne das Erbe dabei zu zerstören.“

Reinhold Messner

DIE MODERNISIERUNG DES ALPINEN LEBENSRAUMES

Auch in den Alpen hat es immer wieder Modernisierungsschübe gegeben. Im ehemaligen „Hirtenland“ entstanden Dorf- oder Talgemeinschaften, die in Nachbarschaftshilfe und als Selbstversorger lebten. Später kam, wie im Rest Europas, die Arbeitsteilung dazu. Heute produziert auch die alpine Landwirtschaft für den Markt.

In einem globalisierten Markt aber wird es immer schwieriger, fern großer Ballungsräume wirtschaftlich zu bestehen. Die mittelalterliche Agrargesellschaft hat im Tiefland ähnlich funktioniert wie im Gebirge, heute aber gilt es alpenspezifische Wirtschaftsformen zu finden, die es erlauben, oft winzige lokale Ressourcen – Heilwasser, Zirmholz, Heilkräuter – sowie das spezielle alpine Know-how – Berglandwirtschaft, alpine Architektur, Kunsthandwerk, Gastfreundschaft – zu nutzen.

Vielfach fehlt es aber an Innovationsbereitschaft oder dem Feingefühl, die traditionellen mit den modernen Werten zu verbinden. Und leider ist es in den meisten Alpentälern nicht mehr möglich, Interessen und Verantwortung zu bündeln. Alpine Gemeinden aber können auf Dauer nur überleben, wenn Nutzung und Schutz ihrer Lebenswelt gemeinsam bewältigt werden. Wo jeder seines Weges geht, ist Stadtkultur.

„Die ständig sinkende Zahl der Bauern in den Industriestaaten täuscht leicht darüber hinweg, daß sie nur das schwächste Glied in der mächtigen Kette der industrialisierten Nahrungsmittelproduktion darstellen."

Bernhard Heindl

„Die Bauern und Bäuerinnen sind gut beraten, allen sie betreffenden Plänen skeptischer als bisher gegenüberzustehen. Besser ist es, wenn sie ihrer eigenen Erfahrung wieder größeres Vertrauen schenken. Und aus dem Schatz ihrer langen Vergangenheit Hoffnung für die Zukunft schöpfen."

Bernhard Heindl

<<< *Schützen aus Tirol bei der Prozession.*

<< *Däumling in den Ennstaler Alpen.*

< *Das gewaltige Massiv des Hochkönig (Panoramaaufnahme).*

Bischofsmütze im Dachsteingebiet.

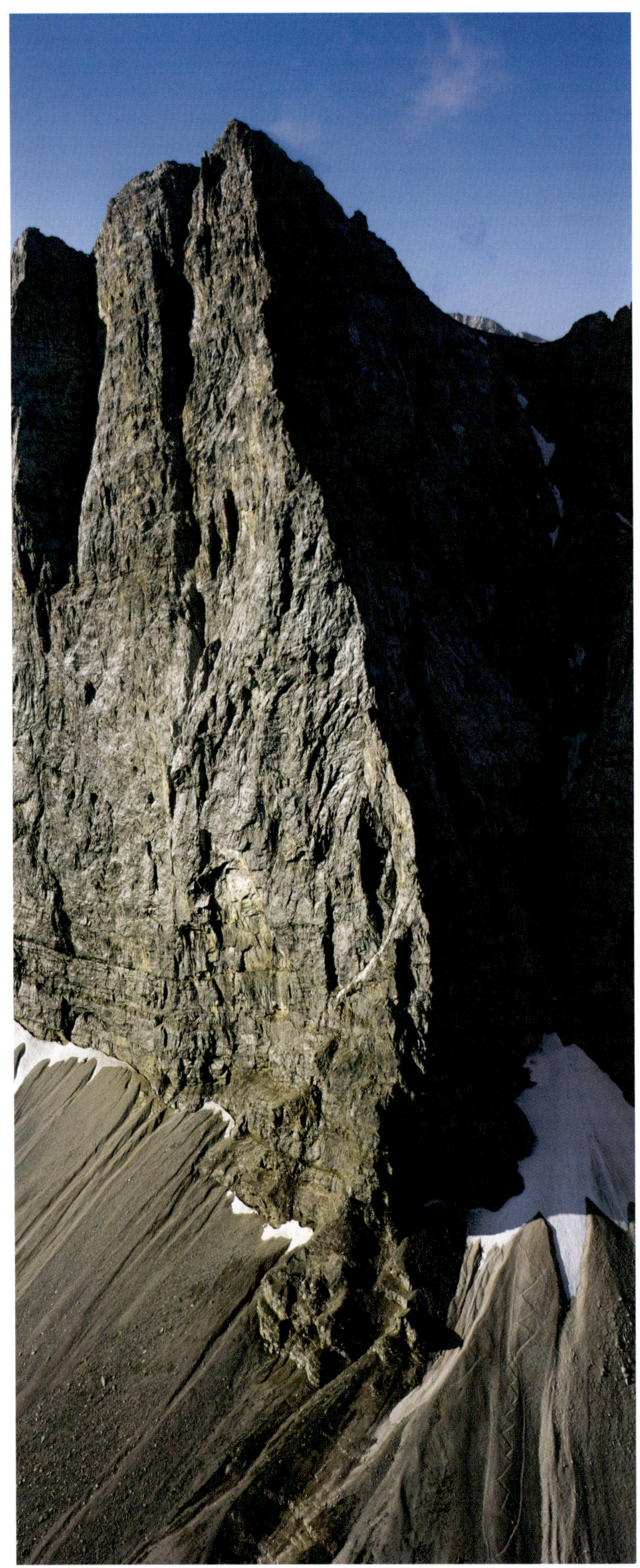

Laliderer Spitze im Karwendel.

Innsbruck mit Nordkette und Martinswand. >

„So wie der Kletterer sich nur noch auf Griff und Tritt konzentriert, gilt es Konzentrationsräume auch für Erfinder zu schaffen, die sich draußen ‚in der Natur' freilaufen, freiklettern oder freimachen können."

Reinhold Messner

DENKFABRIKEN

Die Städte in den Alpen, die verkehrstechnisch gut in Europa eingebunden sind, haben ein großes Potential. Mit ihrer hohen Lebensqualität und Erreichbarkeit eignen sie sich als Standorte für Techniker, Künstler, Universitäten oder Verlage. Nicht als Wohnraum für die Pendler aus umliegenden Großstädten, sondern als Wohn- und Arbeitsraum für Kreative, die im Alpenraum und darüber hinaus gestalten wollen, können Städte wie Grenoble, Interlaken, Innsbruck oder Bozen, also zu Denkfabriken werden, wo täglich Neues entsteht. Wenn einerseits genügend Freiraum vorhanden bleibt, um auszuspannen und andererseits disziplinübergreifend Visionen brodeln, kann in einer kleinen Alpenstadt Großes entstehen.

DIE ALPEN ALS HEIMAT DER ALPENBEWOHNER

Die Alpen dürfen nicht zur Randzone der dynamischen europäischen Ballungsräume werden, zur zweiten Heimat von Flachländern, wo die Städter ihre Freizeit verbringen, ihr Trinkwasser herleiten, am Wochenende wohnen und ihr Gewissen damit beruhigen, indem sie immer neue Naturschutzgebiete dort ausweisen lassen. Die Alpen gehören vor allem nicht dem Alpenverein, der es sich zur Aufgabe gemacht hatte, die Berge überall und immerzu abzusichern und allen Städtern zugänglich zu machen. Die Rolle der Alpen darf es auch nicht bleiben, den Städtern Ersatzräume für jene Sehnsüchte zu garantieren, die in der Großstadt nicht zu befriedigen sind.

Nur dort, wo die Alpen multifunktional genutzt bleiben, taugen sie als Wirtschafts- und Lebensraum, also als Heimat der Einheimischen und auf Dauer auch als Erholungsraum für die Städter. Es gilt deshalb eine flächenhafte Bewirtschaftung zu fördern, wobei der Landwirtschaft die Schlüsselfunktion zukommt. Allerdings ist eine nachhaltige Entwicklung heute auf eine breitere Wirtschaftsbasis angewiesen als noch vor hundert Jahren. Auch nachhaltiger Tourismus gehört also dazu. Der eigenständige alpine Raum, nicht eine subventionierte Peripherie der EU hat Zukunft. Kulturelle und politische Abhängigkeiten untergraben zuletzt das Selbstwertgefühl der lokalen Bevölkerung. Damit ist die gemeinsame Verantwortung und damit die Sorge um die Heimat dahin.

Dachsteingebirge.

Die Zugspitze, der höchste Punkt Deutschlands. **>**

13

DEUTSCHE ALPEN

Sepp Holzer, 2006

„Aufgaben werden dir im Leben gestellt, dass du sie löst und nicht, dass du sie dramatisierst und damit unlösbar machst.“

DAUER-GESCHWÄTZ MIT GIPFEL-PAUSE

Die Alpen leiden nicht nur an verfehlter Siedlungspolitik, Übernutzung oder verfehlten Investitionen, die Beschreibung ihres Status Quo in Alpin- und Berge-Heftchen ist oft völlig daneben. Kein Wunder, kommen Redakteure und Schreiber doch aus den Städten, wo sie sich jeweils ihr Bild der Berge und der Menschen im Gebirge zusammenphantasieren. Genauso wie sie es gerade brauchen. Nur über der Schneegrenze ist Pause, weil dort die Schwätzer nicht hinkommen.

Dass viele Geschichten noch dazu wie bezahlte Werbebotschaften daherkommen, weil vorher etwas für die gute Stimmung der Schreiber getan wurde, unterscheidet Alpin-Printmedien nicht von jener TV-Berichterstattung, die nur ausgestrahlt wird, weil dafür bezahlt wurde. Doch ein Trost ist mir geblieben: Auch wenn die Fehlinformationen von Dauer sind, bleibt jede nachhaltige Wirkung aus. Denn, wer mit Pause treppauf oder treppab steigt, merkt, wie im Kaufhaus, früher oder später, dass die Dauerberieselung ohne Inhalt ist.

Wer Glaubwürdigkeit in Sachen Alpen haben will, muss sie sich erarbeiten – ohne Pause und ohne all jene, die sich die Alpen zur Beute machen möchten als Ressource für ihr pausenloses Geschwätz: Dauerhaft bleibt zum Glück, und so hoffe ich nur, was nachhaltig gut ist.

< Die Zugspitze mit Gipfel-Nutzung.

Hochvogel in den Allgäuer Alpen.

Watzmann in den Berchtesgadner Alpen. >

Patteriol in der Verwallgruppe (Österreich). >

„Berge wie Pyramiden gebaut“.

Reinhold Messner

Zweimal Höfatz im Allgäu.

„Die Grasberge im Allgäu sind mehr
für Schafe und Wild da als für die Kletterer.
Wir sollten es respektieren."

Reinhold Messner

DIE ALPEN DER ARBEITERBAUERN

Nicht nur der Tourismus, auch die Alpenbewohner selbst haben die Stadtkultur ins Gebirge gebracht. Die traditionelle Welt, die Bergkultur, geht damit natürlich mehr und mehr verloren. Es fehlt bald an gemeinsamer Umweltverantwortung und die Fähigkeit, die städtische Welt mit der Natur und Kultur der Bergwelt zu verbinden. Ist es doch eine seltene Gabe, die globale Welt mit der regionalen in Einklang zu bringen.
Vielfach sind es heute die Frauen oder Großeltern, die die Höfe weiterbringen, während sich die jungen Bauern Arbeit im Tal suchen. Auch weil es gilt, Maschinen anzuschaffen, um die Landwirtschaft am Berg weiter betreiben zu können. Diese Arbeiterbauern bleiben in ihrem eigenen Bewusstsein nur so lange Bergbauern bis ihnen die Doppelbelastung zu viel wird. Zuletzt bleiben viele von ihnen, trotz langer Auspendlerwege, zwar am Hof, dies aber nur, weil die Lebensqualität dort höher ist als in der Stadt. Sie leben dann zwischen traditioneller und moderner Welt, ohne diese beiden Welten miteinander zu verbinden. Tradition ist ihnen etwas Fernes, Vergangenes, Museales. Sie wird zwar idealisiert, aber nicht mehr gelebt. Ihre Alltagskultur ist jetzt die Stadtkultur.

„Wie soll jemand Freude an der Landwirtschaft haben, wenn nach einem Acht-Stunden-Arbeitstag die Stallarbeit, an den Wochenenden die Heuarbeit und in den Ferien die Schwerarbeit im Wald und auf der Alm drohen?“

Reinhold Messner

SENSIBILITÄT FÜR DEN KLIMAWANDEL

Der Klimawandel ist eine Tatsache. Es hat ihn immer schon gegeben. Jetzt plötzlich verändert er unser Weltbild und damit weltweit die Politik, ja unsere Kultur. Zuerst wird die globale Erwärmung mit ihren Folgen als antizipierte Katastrophe unbekannten Ausmaßes wahrgenommen und zuletzt in einer globalen Weltrisikogesellschaft verdrängt. Irgendwie, widerspricht die Masse der Städter den hauptberuflichen Dauerwarnern, ist am Ende immer alles gut gegangen.

Anders verhält sich ein sensibler Bauer im Gebirge. Das Klima in den Alpen war nie stabil. Die hohe Sensibilität der Älpler dem Klimawandel gegenüber hängt also auch damit zusammen, dass dessen Folgen zwischen den Bergen unmittelbar zu spüren sind: beim nächsten Wolkenbruch, während der Schneeschmelze im Frühjahr oder langanhaltender Trockenperioden im Sommer. Ursache und Wirkung sind im Gebirge also unmittelbar wahrnehmbar und mahnen zur Vorsicht im Umgang mit der Natur. Solange die Fehler der Menschen im Zusammenhang mit dem Klima auch lokalen Ursprung haben, wird daraus gelernt. Bei weltweit verursachten Katastrophen wie jetzt sind lokale Korrekturen leider wenig hilfreich.

Je höher die Almen, um so deutlicher zeigt sich der Klimawandel.

Am Rande von Lienz in Osttirol. **>>**

Berglandwirtschaft im Eisack- und Pustertal. **>>>**

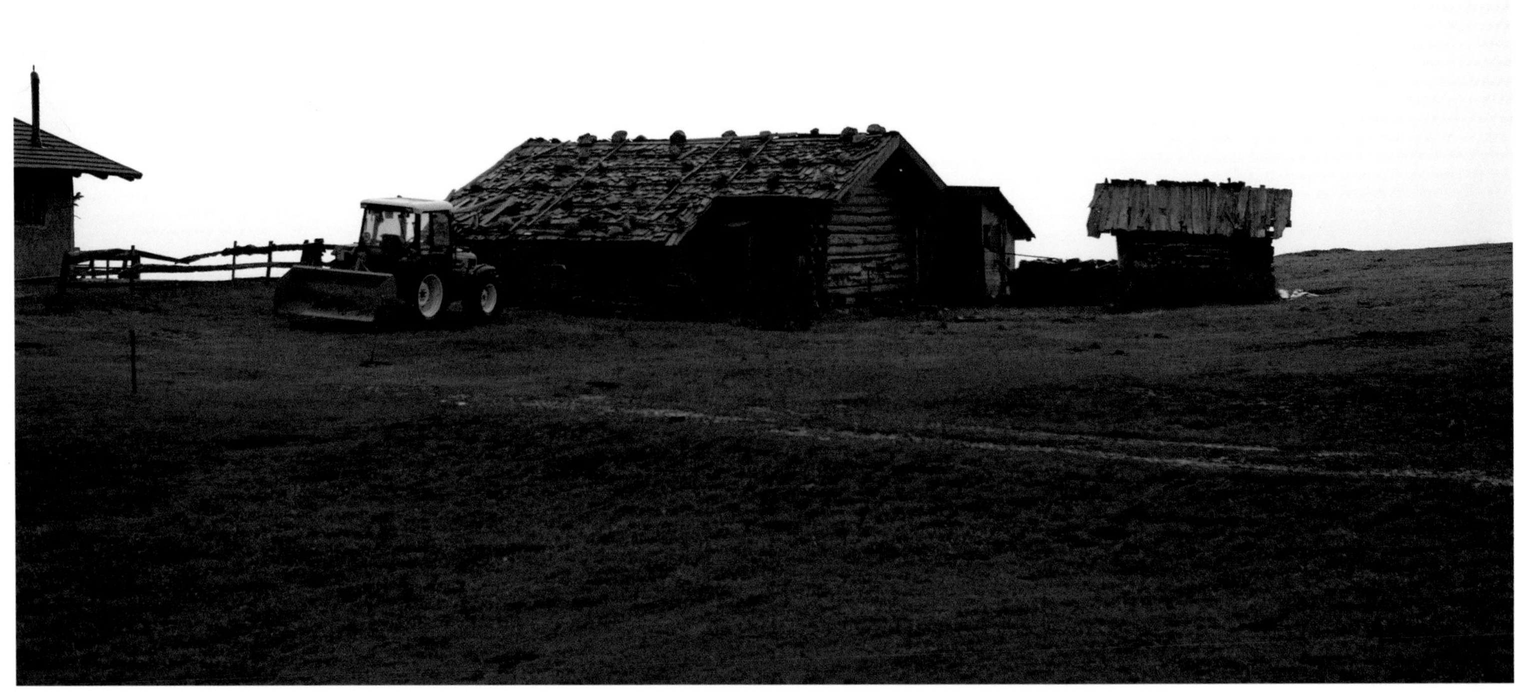

14

SÜDLICHE KALKALPEN

Sigmar Groeneveld

„Wenn Lebensräume von denen, die darin lebendig unterwegs sind, sachlich abgekoppelt werden, kommt es zwangsläufig zur Enteignung dieser Menschen von ihren Grundlagen."

INTERSPAR
INTERSPAR
SPARKASSE

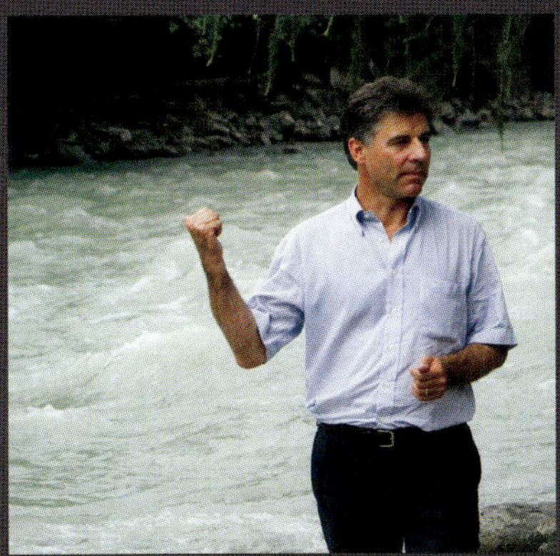

Dr. Ing. Konrad Bergmeister
Techniker und Berater

Der Alpenraum als Energieauftanker

Der Energiebedarf ist weltweit stets im Wachsen – auch im Alpenbogen. Heute geht man davon aus, dass der weltweite Energieverbrauch jährlich um ca. 2,0–2,5 % steigt und damit in 25 Jahren doppelt so hoch sein wird. Energie ist im Weltall genügend vorhanden, auch in Form von klimaunschädlichen Ressourcen. Die Frage ist eine wirtschaftliche. Welche Form der Energieproduktion wir uns leisten können? Auf alle Fälle sollten wir uns auch im Alpenraum mit erneuerbaren Energieformen befassen.
Denn in 40 Jahren werden die Vorräte an Erdöl, in 60 Jahren das Erdgas und in 185 Jahren die Kohle zu Ende gehen. Der Klimawandel, ausgelöst durch die Verbrennung fossiler Stoffe verändert den Wasserhaushalt, das Wetter, die Pflanzenwelt. Naturkatastrophen, insbesondere in den gebirgigen Tälern des Alpenraumes, sind die Folge. Es gilt ein energetisches Gleichgewicht zwischen dem Verbrauch und den lokalen Vorkommen bzw. den Produktionsmöglichkeiten anzustreben, wobei in den Alpen die hohe Effizienz von Wasserkraftwerken ins Auge sticht. Im Alpenbogen sollten daher primär die Wasserenergie, die Windenergie und, wo möglich, die Solarenergie genutzt werden. Als Form der Energiespeicherung und längerfristig als Treibstoff sollte auf Wasserstoff gesetzt werden.
Im Alpenraum kann auch die Geothermie genutzt werden. Gerade beim Bau von langen Tunnels für die Infrastrukturen (wie beim Brenner Basistunnel) kann sinnvoll Energie erzeugt werden. Ab einer Tiefe von etwa 20 Metern steigt in den oberen Erdschichten die Temperatur pro 30 Metern Tiefe um einen Grad an. Zusätzlich fällt beim Tunnelbau oft warmes Wasser an.
Auch mit Biomasse (nachwachsende Rohstoffe, Abfälle etc.) kann Energie erzeugt werden. Der Alpenraum könnte durch die eigene Wasserkraft, die Möglichkeiten der Windenergie und – begrenzt – die Möglichkeit der Solarenergie sowie der Geothermie energieautark werden. Dieses Szenario ist nicht nur denkbar, sondern in 20 bis 30 Jahren umsetzbar. Dazu gehören aber ein neues Verständnis bei Heizung bzw. Kühlung der Häuser, verbesserte Bau- und Wärmetechnik, eine durchgehend neue Verkehrs- und Mobilitätsgestaltung sowie neue Wirtschaftsformen.

Zweimal Triglav in den Julischen Alpen (oben und vorhergehende Seite): Monsunartige Regenfälle und Trockenperioden wechseln sich in den Alpen heute ab.

„Überall frohes Licht und würzige Luft. Weiße Dolden wiegen sich über dem Grün der Wiesen. Ist es nicht, als ziehe ein leises Frühsommerlächeln auch über die gewaltigen Nordwände des Triglav?“

Julius Kugy, 1933

„Es gibt sie zur Genüge, die Heimatpfleger und Naturschützer, denen es allein darum geht, mit ihrem Protest in die Medien zu kommen. Der vorgegebene Schutz der Alpen ist ihnen nur Mittel zum Zweck. Allein ihr Heischen um Aufmerksamkeit ist dabei nachhaltig.“

Reinhold Messner

NATURSCHUTZ DARF NICHT SELBSTZWECK SEIN

Im Naturzustand wären die Alpen ein einziger Gefahrenraum, für uns Menschen nicht bewohnbar. So interessant der Gedanke sein mag, den Alpen ihre ursprüngliche Wildnis zurückzugeben und diese vor den Menschen zu schützen, das Erbe, die Bergkultur, ginge damit verloren. Naturschutz impliziert im Gebirge immer auch den Schutz des Menschen vor der Natur. Und weil ein Überleben oben am Berg auf Dauer nur möglich bleibt, wenn alle Nutzungsformen nachhaltig gestaltet werden, gehört dort, wo die wie auch immer motivierten Nutzer ihren Lebensraum zerstören, auch der Schutz der Natur vor den Menschen dazu.

Es reicht aber nicht, größere Flächen der Alpen unter Schutz zu stellen oder den Alpenschutz ins Parteiprogramm zu schreiben. Es gilt, die Dynamik der Natur zu respektieren und damit die Dominanz des Menschen über die Alpennatur zu relativieren – ob im Arbeits- und Freizeitraum oder im Ödland. Heimat- und Naturschutzorganisationen sind also allein daran zu messen, was sie in die Bergkultur einbringen, nicht daran, was sie verhindern oder an Fundamentalismus auf ihre Fahnen geschrieben haben.

Reinhold Messner mit Bundeskanzlerin Angela Merkel in den Dolomiten

Weltpolitik als Naturpolitik

Weltweit steigende Emissionen, das Abschmelzen des polaren Packeises, die Vergiftung der Biosphäre, die Verschmutzung der Meere tragen zum Klimawandel und zur Landschaftsveränderung weltweit bei. Auch in den Alpen, wo lokale Phänomene – Vergeudung von Wasser und Energie, Erosion und Versiegelung der Böden, sterbende Wälder – dazukommen. Aber die Alpen leiden viel weniger unter lokalen Umwelteinflüssen als unter globalen.
Das sei uns kein Trost. Meist zeigen lokale Effekte eine globale Wirkung und umgekehrt. Ob wir diese wechselseitigen Einflüsse auch erkennen ist eine andere Frage. Oft zeigt sich die Alpennatur ja am faszinierendsten dort, wo sie brüchig und bedrohlich ist, also verheerend sein kann.

Unsere Sinne nun können nicht in einer einzigen Generation ein Gespür dafür entwickeln oder lernen, die Stabilität der alpinen Natur einzuschätzen. Und ein gemeinsamer Konsens für einen nachhaltigen Umgang mit der Alpennatur ist längst verloren gegangen. Ich will nun nicht den Untergang in grausamer Schönheit heraufbeschwören oder die Angst schüren, das Überleben in den Alpen sei bald unmöglich. Ob wir es allerdings für das ökologische Gleichgewicht der Erde schaffen, uns auf eine gemeinsame Weltinnenpolitik zu verständigen, bezweifle ich und ein einzelner Staat wird die Erde nicht retten können. Auch die vielen Publikationen der Wissenschaftler sind nicht ausreichend für einen Wandel und die Warnungen der Umweltschützer vielfach nur Selbstzweck.
Gerade weil es in dieser Frage um uns geht, geht es nicht um uns allein. Wir Menschen leben in Synergie und Symbiose mit allem Leben und sind auf Gedeih oder Verderb auf einen Zustand der Erde angewiesen, der Lebensbedingungen für das Ganze und auf längere Sicht garantiert.
Wir Menschen sind zur Zeit der schwächste und gleichzeitig zerstörerischste Teil der Natur, nicht ihre Krone. Wir können weder das Überleben

garantieren oder den Untergang steuern – uns höchstens in unserem Verhalten korrigieren und uns den veränderten Umweltbedingungen immer wieder anpassen. Die Älpler hatten dies in Jahrtausenden gelernt.

Wir können die Alpen weiterhegen oder ausbeuten, beherrschen werden wir die Alpennatur nie. Und würde der Mensch seine Lebensbedingungen überhaupt zerstören, die Natur bliebe übrig und würde sich anpassen an die veränderten Umstände. Denn es liegt in der Natur der Natur, sich zu verändern, zu erneuern, zu sterben und zu wachsen. Natur ist immer kreativ, dynamisch, neu und eine ihrer Gesetzmäßigkeiten ist das Chaos. Die Menschennatur, als Teil des Ganzen, kennt und erkennt das Jenseitige nicht, trägt aber jene Gesetzmäßigkeit in sich, die sich um ein Überleben der Gattung und hoffentlich um ein menschenwürdiges Dasein aller bemüht. Es gilt also, sich weltweit auf minimale Standards zu verständigen, die alle Gesellschaften nachvollziehen und beim Wirtschaften einhalten können.
Alle Esoterik, jede Schöpfungstheologie, Allgefühle aller Art, jeder Fundamentalismus helfen nicht weiter, wo es um eine weltweit verständliche Weltordnung gehen muss. Die Zukunft der menschlichen setzt die nichtmenschliche Natur voraus, denn einer verkommenen Biosphäre können wir Menschen uns am schlechtesten von allen Lebewesen anpassen.
Die Natur an sich kann nicht zerstört werden. Ob die verschiedenen Kulturen, also das, was wir Menschen aus der Natur gemacht haben, entwicklungsfähig bleiben, hängt von Gesellschaften ab, die sich gemeinsam um die Überlebensfähigkeit ihrer Lebensbasis bemühen. Nicht die Natur wird zuletzt durch einen achtlosen Umgang mit den Lebensgrundlagen des Menschen zerstört, sondern jene soziale Ordnung, in der Frieden und Freiheit möglich sind. Um diese Werte geht es und deshalb ist Klimaschutz, auch Alpenpolitik und Naturpolitik, Weltpolitik.

15

VERANTWORTUNG ÜBERNEHMEN

Konrad Bergmeister, 2007

„Erkenntniswissen ist gefragt, damit der Arbeits- und Lebensraum auch für die nächsten Generationen erhalten bleibt. Notwendige Regelungen müssen aber nicht nur diskutiert, sondern umgesetzt werden – jetzt und nicht in ferner Zukunft!“

<< Bergbauernhöfe am Naturnser Sonnenberg über Plaus.

< Großlitzner in der Silvretta.

Die Leonburg oberhalb von Lana, im Hintergrund der Ifinger.

„Wenn Lebensräume von außen verwaltbar, finanzierbar und beschuldbar werden, verlieren sie über kurz oder lang ihr Gesicht; damit verliert der Bewohner seine Haftung zu dem Ort, den er bewohnt."

Sigmar Groeneveld

„Jeder Zweitwohnungs-Tourismus ist zu teuer. Für die Wohnungsbesitzer und den Urlaubsort, wo Zweitwohnungen zugelassen sind."

Arnold Gapp

ERHOLUNGSRAUM ALPEN

Eine erste Form von Massentourismus in den Alpen gab es schon vor dem Ersten Weltkrieg. In riesigen Grand-Hotels logierten Hundertschaften von Alpen-Begeisterten, und in Zahnradbahnen wurden sie auf berühmte Aussichtsberge ins Hochgebirge gebracht. Mit der Jungfrau-Bahn im Berner Oberland ist die Rekordhöhe von 3500 m erreichbar.
Dieser Bell-Epoche-Tourismus – mit Ballsaal, Theater, Oper im Tal und der Urnatur an der Bergbahnstation – befriedigte einen aristokratischen Lebensstil auch im Gebirge. Das Nebeneinander von Kultur und Natur, von Komfort und Wildnis, von Unter-sich-Sein und Alleinsein genoss später eine rasch wachsende Klientel wohlhabender Städter.
Die allermeisten der berühmten Tourismus-Orte dieser ersten Stunde liegen in der Schweiz. Später kam der Bädertourismus in den Ostalpen dazu sowie die Urlaubsregionen der Habsburger. Die alte Struktur aus dieser Zeit, wenn erhalten geblieben – vielfach an Alpenseen mit Blick auf das vergletscherte Gebirge oder im Talschluss gelegen – wird heute im Rahmen des Kongresstourismus genutzt, der an ausgewählten Standorten erfolgreich geblieben ist.

Im Sarntal.
Rechts die Sarner Scharte.

Bergbauernhof in Südtirol.

„Die Zukunft liegt in der echten, handwerklichen Dorfmetzgerei, im ökologischen, nachhaltigen Landbau, in artgerechter Tierhaltung und qualitativ hochwertigen, biologisch hergestellten Lebens-Mitteln."

Karl Ludwig Schweisfurth

RETTEN, WAS NOCH ZU RETTEN IST

Die typische Alpenlandschaft – mit Bergspitzen oben, Einödhof und Wald unten – gibt es nur noch vereinzelt. Denn das flächenhaft geprägte Bild der Alpen wandelt sich. Die einstige Nutzung verschwindet. Wir leben in der Phase zwischen Entsiedelung und Verstädterung der Alpen.

Einst wurde jede nutzbare Fläche auch landwirtschaftlich genutzt: als Garten, Acker, Wiese, Weide, Waldweide, Alm. Damit ist jene Kulturlandschaft entstanden, die heute noch unsere Vorstellung von den Alpen prägt. Mit der Nutzungsintensivierung einerseits und der Nutzungsextensivierung an anderer Stelle, der Verstädterung der Durchgangstäler und den Tourismushochburgen an Panoramaplätzen ist das Landschaftsbild ein anderes geworden. Zugleich ist ein ökologischer Wandel eingetreten, der jetzt das alpine Gleichgewicht stört. Die Politik steuert mit falschen Konzepten gegen.

Neben den wirtschaftlichen Nachteilen, die ein nachhaltiges Leben im Alpenraum kurzfristig einengen, sind es vor allem überbordende Bürokratie, ständig wechselnde Verordnungen, unklare Steuergesetze bei Erwerbskombinationen, die das Überleben im ländlichen Alpenraum schwierig, oft sogar unmöglich machen.

Nur wenn wir Älper von all den bürokratischen Hindernissen befreit werden, die Verantwortung für unsere steile Welt also wiederbekommen, können wir die Alpen mit ihren Werten für den Rest der Europäer weiterpflegen und gleichzeitig als Erholungsraum erhalten.

DER ABGRUND MENSCHLICHER FREIHEIT

Mehr als 1000 Jahre lang haben die Alpenbewohner die vorgefundene Natur auf breiter Fläche für ihre Zwecke genutzt und geschützt, um auf Dauer im Gebirge leben zu können. Mit dem Versuch aber, diese Nutzung zu optimieren, begann die Destabilisierung. Es gelang nicht, die Alpen-Natur auf Dauer zu beherrschen. Im Gegenteil, das vermeintlich Bessere droht jetzt außer Kontrolle zu geraten. Und diese „natürlichen" Vorgänge werden allerorten als Bedrohung von außen beschworen, statt dass wir erschrecken vor den Folgen unserer eigenen Freiheit.

Obstanbau am Steilhang. Oberer Vinschgau, Südtirol.

Schloss Sigmundskron (MMM Firmian) und Kaiserberg bei Bozen. **>**

„Es ist nicht das Wissen, sondern das Lernen,
nicht das Besitzen, sondern das Erwerben,
nicht das Dasein, sondern das Hinkommen,
was den größten Genuß gewährt. Wenn ich eine Sache
in's Klare gebracht und erschöpft habe, so wende
ich mich davon weg, um wieder ins Dunkle zu gehen.
So sonderbar ist der nimmersatte Mensch:
Hat er ein Gebäude vollendet, so nicht, um ruhig
darin zu wohnen, sondern um ein anderes anzufangen."

C. F. Gauß

Blick vom Dach des „Museums in den Wolken" (Monte Rite, MMM Dolomites) auf Civetta, Marmolada und Monte Pelmo.

„Spazierengehen ist die elementarste Form sich eine Landschaft zu erschließen."

Martin Schmitz

NICHTS IST MEHR GEWISS

Beim Blick aus dem Wohnzimmerfenster in Juval sehen die Täler und Berge aus wie immer. Aber dieser Schein trügt. Ich weiß es. Denn die Veränderungen in den Alpen sind nicht unmittelbar sichtbar oder greifbar, es ist die Beschaffenheit der Wirklichkeit selbst, die sich verändert. Unser Hausverstand aber – statt seine Gewohnheiten aufzugeben und sein Weltvertrauen in Frage zu stellen – wehrt sich gegen jede Form von Katastrophenszenarien. Trotzdem, Gefahren und Risiken, die auf die Alpen zukommen, sind weder abschätzbar noch zu vernachlässigen. Es ist also wie beim Bergsteigen an der Zeit, die Abgründe unter uns zu erkennen und die Fragilität der Alpen als Tatsache anzunehmen.

DIE BERGKULTUR GILT ES ZU RETTEN

Nicht die genutzten oder die unberührten Bergregionen sind die besseren Teile der Alpen, es sind die nachhaltig bearbeiteten. Nachdem der alpine Wirtschaftsraum seit mehr als hundert Generationen genutzt wird, sind eine Landschaft und Know-how entstanden, die fortlaufend darauf spezialisiert wurden, Stabilität zu sichern. Die Menschen haben langfristig gedacht und doch immer auf der Hut sein müssen, weil die Alpen besonders instabil sind. Globale Veränderungen machen sich in der Höhe rascher und intensiver bemerkbar als im Tiefland. Deshalb ist das lokale Wirtschaften sukzessive korrigiert worden. Die von Menschenhand gestaltete Kulturlandschaft in den Alpen muss also auch heute weiter von Menschen gepflegt werden, wenn sie nicht verloren gehen soll.

Es ist naiv zu glauben, dass Wildnis zurückkehrt, wo die Menschen weggehen. Nur dort, wo der Mensch nie war, ist Wildnis möglich. Allerdings nur, wenn wir nicht intervenieren, weder durch Gesetze noch aus dem All oder mit unserer Phantasie. Wildnis gibt es nur jenseits unseres Vorstellungsvermögens. Alles, was wir in den Alpen schützen können, dagegen gehört zur Bergkultur, die wiederum das Überleben der Älpler zum Inhalt hat.

Südtiroler Bergbauer auf dem Viehmarkt.

„Glückliche Kühe" sind kein Beweis für eine intakte Landschaft.

< *In Sulden, unmittelbar unter dem Ortler-Massiv, liegt im Berg das MMM Ortles, ein Begegnungsraum zum Thema Eis.*

< *König Ortler, 1804 erstmals bestiegen.*

< *Der Bauernhof Yak und Yeti mit Ziegen, Yaks, Lamas, allerlei Geflügel und jahrhundertealten Gaststuben.*

„Ich mache mir keine Sorgen um die Alpen, aber um die Menschen dort. Es geht um unseren Lebensraum."

Helga Kromp-Kolb

SELBSTVERSORGERLANDWIRTSCHAFT

In Sulden am Ortler und in Juval im Vinschgau betreibe ich kleine Bergbauernhöfe. Dabei geht es mir nicht allein darum, mich und meine Familie sowie unsere Pächter zu ernähren, es geht mir um ein Modell der Berglandwirtschaft, das auch in Zukunft tragfähig bleiben muss. Natürlich ist die autarke Landwirtschaft mit Ackerbau im Tal, Transhumanz und Almwirtschaft oberhalb der Waldgrenze heute nicht mehr möglich. Wir können nicht zur vorindustriellen Gesellschaft zurückkehren. Vieles von der traditionellen Landwirtschaft aber gilt es in die Zukunft zu retten, wenn es uns um Arten- und Landschaftsvielfalt, langfristige Stabilität und das kulturelle Erbe in den Alpen geht.
Mit der Verzahnung von lokaler Kultur, extensiver Landwirtschaft und Tourismus ist ein Überleben am Berg vorerst gesichert und gleichzeitig die Erhaltung der Kulturlandschaft möglich. Die Frage ist nur, wann die Behörde in Brüssel, Rom oder Bozen mit ihrer Regelungswut die letzten verbliebenen Freiräume für umweltgerechtes Wirtschaften in den Alpen erstickt. Ein Bergbauer hat nicht Zeit, ständig Formulare auszufüllen.

„Die Natur wird nie dem Menschen folgen, sondern die Menschen haben die Gesetze der Natur zu befolgen."

Dioskurides

DER ALPENRAUM IN SEINER VIELFALT

Die Alpen umfassen eine Fläche von 190.000 km². Dieses Gebiet gehört politisch zu Italien, Frankreich, Deutschland, Österreich, der Schweiz, Liechtenstein, Monaco und Slowenien. Die meisten der 6124 alpinen Gemeinden liegen unter 1000 Meter Meereshöhe, ihre Erschließung – Bebauung, Wirtschaftsstruktur, Mobilität – ist trotzdem von Ort zu Ort verschieden. Auch Kultur und Sprache der Bewohner, mit von Talschaft zu Talschaft wechselnden Dialekten, sind vielfältig. Was dem Alpenraum insgesamt gemeinsam ist, bleiben die Berge, die in ihrem Aufbau und Erscheinungsbild ihren einzigartigen Charakter haben, sodass jede Stadt, jedes Tal und jedes Dorf in den Alpen von einem unverwechselbaren Landschaftsbild geprägt ist. Und genau in dieser Vielfalt steckt die Kraft der Alpen – ein Wert, der auch im MMM betont wird.

< *Vinschger Bauernladen (ganz unten), Weingut Unterortl und Schloss Juval, wo das Thema „Heilige Berge" untergebracht ist (MMM Juval).*

Schloss Bruneck im Pustertal, wo die Bergvölker vorgestellt werden (MMM Montanar).

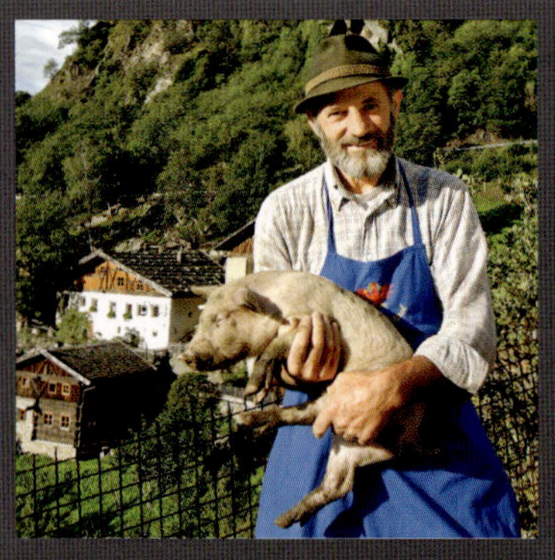

Michl Schölzhorn
Bio-Bauer auf Juval

Anpassen, um nicht unterzugehen

Die prognostizierten Szenarien für das angebrochene Jahrhundert klingen dramatisch für die Alpen.

Die Gletscher, die in den vergangenen 150 Jahren fast 70 % ihrer Masse verloren haben, werden bald verschwunden sein. Die Folge: trockene Flussläufe, Dürren, Energieengpässe mit Betriebsunterbrechungen und Tourismuseinbußen, obwohl mehr Menschen in die Alpen drängen werden. Pflanzen und Tiere sind schon auf Wanderung nach oben. Geht die Erwärmung weiter, vermehren sich auch noch die Schädlinge, nehmen die Waldbrände zu, rutscht die ausgetrocknete Erde bei vermehrten Gewitterregen von den Hängen. Wegen des ansteigenden Permafrosts ist die Gefahr von Steinschlag gestiegen, Felsstürze gewaltigen Ausmaßes gefährden vor allem touristische Infrastrukturen, die auf Grund von Schneemangel immer weiter in die Höhe gebaut werden.
Natürlich bringt die globale Erwärmung da und dort auch Vorteile: Wein und Obst reifen höher oben noch aus, das Leben in den Alpen wird mediterraner und die gute alte „Sommerfrische“ kommt wieder in Mode, auch weil bei der Hitze im Tal kein Schlaf mehr zu finden ist.

Weil ich nicht daran glauben kann, dass die Politik sich weltweit im Kampf gegen den Klimawandel korrektiv einigen kann und die globale Erwärmung, die wir seit dem Beginn der Industrialisierung mit anheizen, nicht in Jahrzehnten zurückzudrehen ist, bleibt vorerst nur der Verzicht beim Energieverbrauch und die Anpassung. Der Teufelskreis jedenfalls, mit Energie korrigieren zu wollen, was Energie-Verschwendung angerichtet hat, kann nur zum Kollaps führen. Die Alpen haben bisher mehrere Wärmeperioden überlebt und viele Kältejahre überstanden. Bleibt zu hoffen, dass die Älpler die Fähigkeit, sich neuen Lebensbedingungen anzupassen, nicht verloren haben.
Obwohl die Alpen in der Kritik stehen, bleibe ich dort. Ich lebe, gestalte, steige also weiterhin in die Alpen, pflanze Bäume, ernte Beeren und Pilze. Neben zwei Bauernhöfen, die ich wieder aufgebaut habe, betreibe ich fünf Begegnungsstätten zum Thema Berg über die Welt des Eises, der Felsen, der Bergvölker, der heiligen Berge und den Zauber der Höhen. Dabei geht es mir nicht nur um die Alpen. Da wir Europäer mit dem Alpinismus eine Vorreiterrolle in der Auseinandersetzung Mensch-Berg haben, tragen wir auch Mitverantwortung für die Entwicklung in allen anderen Bergregionen der Erde. Nur, wenn wir diese Gebirge als Lebens- und Erfahrungsraum erhalten, bleiben den nächsten Generationen ähnliche Gestaltungsspielräume, wie wir sie hatten. Also gilt es, mehr für die Alpen zu tun, als über deren Niedergang zu jammern.

Michl Schölzhorn beim Füttern der Schweine. Dahinter Schloss Juval mit dem Bio-Hof Oberortl und dem Schlosswirt im Südtiroler Vinschgau.

„Die Zukunft kann man nicht im Rückspiegel sehen."

Peter Lynch

Bibliographische Information der Deutschen Bibliothek

Die Deutsche Bibliothek verzeichnet diese Publikation in der Deutschen Nationalbibliographie; detaillierte bibliographische Daten sind im Internet über http://dnb.ddb.de abrufbar

BLV Buchverlag GmbH & Co. KG
80797 München

Deutschsprachige Ausgabe für Deutschland, Österreich und Schweiz:
© 2007 BLV Buchverlag GmbH & Co. KG, München

Dank an alle Bildautoren, Textautoren, Zulieferer.

Bildnachweis
Fotos: Georg Tappeiner
Flugaufnahmen: Tappeiner Airphoto / Christjan Ladurner
Weitere Fotos: Gianni Bodini (S. 10, 12–14, 15, 17, 18, 28, 29, 32, 70–71, 115, 128 o., 130–131, 186, 252), Werner Bätzing (S. 19), Hanspeter Eisendle (S. 56), Stephan Gruber (S. 73), KäseStrasse/Bregenzerwald Tourismus (S. 79), Sepp Holzer (S. 209), Archiv Messner (S. 33–40, 244), Satellitenkarte: Deutsches Zentrum für Luft- und Raumfahrt – DLR (Nachsatz)

Alle Panoramabilder wurden mit einer NOBLEX Kamera realisiert.

Umschlaggestaltung: BLV Buchverlag GmbH & Co. KG, München
Umschlagfotos: Georg Tappeiner
Gesamtherstellung: Tappeiner AG, Lana (BZ)
Buchgestaltung: Blauhaus, Bozen

Druck: Printed in Italy

ISBN: 978-3-8354-0304-8

Hinweis: Das vorliegende Buch wurde sorgfältig erarbeitet. Dennoch erfolgen alle Angaben ohne Gewähr. Weder Autor noch Verlag können für eventuelle Nachteile oder Schäden, die aus den im Buch vorgestellten Informationen resultieren, eine Haftung übernehmen.

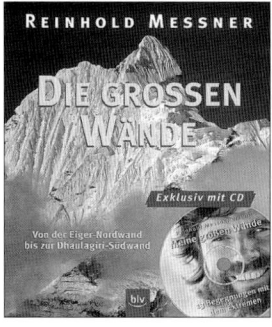

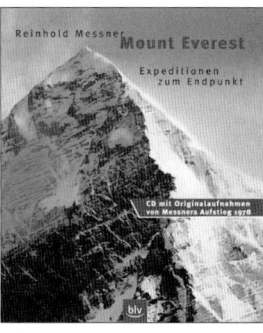

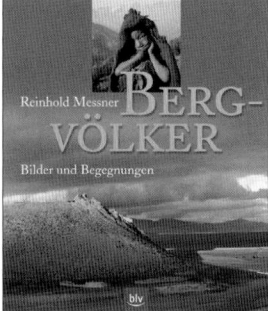

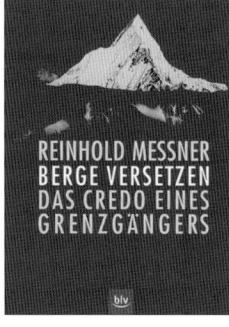

DLR